KB005245

의사들은 왜 그래?

# 의사들은 왜 그래?

발행일 ; 제1판 제1쇄 2021년 9월 13일
지은이 ; 김선영  발행인 · 편집인 ; 이연대
주간 ; 신기주  편집 ; 전찬우  제작 ; 강민기
디자인 ; 유덕규  지원 ; 유지혜  고문 ; 손현우
펴낸곳 ; ㈜스리체어스 _ 서울시 중구 삼일대로 343 9층
전화 ; 02 396 6266  팩스 ; 070 8627 6266
이메일 ; hello@bookjournalism.com
홈페이지 ; www.bookjournalism.com
출판등록 ; 2014년 6월 25일 제300 2014 81호
ISBN ; 979 11 91652 09 3 03300

# 의사들은 왜 그래?

김선영

; 의사가 신뢰받지 못하는 사회에서는 구성원들의 의료 문제 인식과 대응에 차질이 빚어진다. 우리는 이것을 판데믹이라는 중대한 공중 보건 위기에서 확인했다. 바쁜 국민은 의사들을 이해할 여력이 없다. 좌절한 의사는 무엇이 문제인지 계속 말하는 데 지쳤다. 그러나 먼저 설명하고 설득해야 하는 쪽은 여전히 의사다. 궤변인 것 같지만, 모든 의사는 의사가 아니었던 적이 있으니까.

## 차례

프롤로그

집단적 번아웃에
빠진 의사들

1990년대 말 외환 위기 시절에 10대를 살아낸 세대, 지금의 30대를 흔히 'IMF 키즈'라고 부른다. 격동의 시대를 거친 유년 시절의 상흔이 그 이후의 삶과 가치관을 좌우한다는 뜻일 것이다. 그보다는 작은 규모이지만, 한 직능 집단 안에서도 구성원들의 운명과 사고에 큰 영향을 끼치는 일들이 일어난다. 의사 집단 내에서 한 세대의 사고에 영향을 미칠 정도로 큰 사건을 꼽는다면, 20년 간격으로 일어난 두 차례의 파업[1]이다. 의약 분업 파업과 공공 의대 파업. 전자는 전문가 권한에 대한 국가의 개입이, 후자는 전문가 수數에 대한 국가의 개입이 계기가 되어 벌어진 집단행동이다.

어쭙잖은 작명일지 모르지만, 나는 '의약 분업 파업 키즈'다. 의사가 처방한 약을 약국에서 사는 지금의 당연한 절차가 2000년도 이전까지는 없었다. 의사는 자신이 처방한 약을 자신의 병·의원에서 지어 팔았고, 약사는 전문 의약품인 항생제, 스테로이드를 처방 없이 팔 수 있었다. 이 상황을 말 그대로 '의사는 처방만, 약사는 조제만' 하도록 정리한 것이 의약 분업인데, 이 결정은 의사와 약사 집단의 격렬한 저항에 부딪혔다. 특히 의사들은 장장 6개월에 이르는 파업까지 강행했다.[2] 의대생들도 동맹 휴업에 들어갔는데 당시 졸업반이었던 나는 12월에 파업이 풀리면서 간신히 졸업하고 의사 면허를 딸 수 있었다.

2020년 공공 의대 파업이 그랬듯, 2000년의 파업도 종합 병원에서 수련 중인 20대의 젊은 의사들과 의대생들이 주도했다. 이제는 40대가 된 의약 분업 파업 세대가 의사로서 커리어 초반에 파업을 겪으며 마음에 새긴 단어는 각자도생各自圖生과 불신不信이었다. 전문가의 권한을 지키기 위해 파업까지 불사했지만, 국가와 사회는 이를 존중하지 않았다는 기억이 마음속 깊이 자리 잡았다. 의사로서의 사명감과 책임감이 없었던 것은 아니지만, '그 누구도, 심지어 법과 면허라는 제도도 그 권한을 지켜주지 않으며, 우리는 언제든지 공격받을 수 있다'는 위기감이 있었다. 사회와 국민 건강에 공헌하는 전문가이자 지식인이라는 자의식은 내부에서 냉소의 대상이 됐다.

한마디로 그들은 집단적 '번아웃 증후군burnout syndrome'에 빠졌는데, 이는 지금도 비슷한 상황이 아닐까 싶다. 번아웃 증후군의 특징은 에너지의 고갈, 업무와 관련된 부정적인 관념, 그리고 업무 효율의 감소다. 환자를 진료하는 것에 의미를 느끼지 못하고 지쳐가는 것이 개인적인 번아웃이라면, 집단적 번아웃은 의사들이 사회적 의무와 책임을 다할 에너지가 없고 그럴 이유조차 찾지 못하는 상황이라고 할 수 있다.

2020년에 의대를 다닌 '공공 의대 파업 키즈[3]'들은 어떤 생각을 하고 있을까. 지난해 9월 초, 최대집 대한의사협회장이 정치권과 합의하고 파업을 풀기로 한 다음날이었다. 한 의사 커뮤니티에는 "우리의 의사 국가시험(국시) 응시 거부가 정부에 대항하는 마지막 카드가 될 수 있다"는 어떤 의대생의 비장한 글이 올라왔다. 당시에 이 글을 보고 느낀 것은 두 가지였다. 첫 번째는 이들이 느끼는 억울함과 비관의 정서가 나를 비롯한 기성세대가 상상한 것 이상의 강도라는 점이다. 앞서 말한 번아웃의 정서가 이들에게도 그대로 전달된 것으로 보이는데, 능력주의를 내면화해 성공 가도를 달려오다 다시금 불확실성을 맞닥뜨린 청년 세대의 불안이 더해지면서 비관의 정서는 더 증폭하고 있었다. 두 번째로, 이들은 아직 의사가 되지도 않았는데 병원 밖 정서를 전혀 이해하지 못하는 것 같다는 점이다. 의대라는 공간이 병원보다 더 온실 같은 곳이므로 크게 놀랍지는 않았지만 말이다.

결과적으로 많은 의사가 해당 글에 응원과 격려의 댓글을 달았다. 그 분위기에 압도돼 '그래도 시험을 봐야 한다'고 생각하던 소수의 의사가 입을 닫으면서 결국 그들이 현실적인 선택을 할 수 있는 기회는 날아가고 말았다. 우여곡절 끝에 이들이 국시를 보고 면허를 취득할 길은 열리게 되었지만, 그들의 선택이 그들 자신에게는 물론 사회적 논의 과정에 부정적 영향을 미친 것은 정말 안타까운 일이다. 보건 의료에 대한 국가의 책임과 역할에 대해 전개됐어야 할 논의가 의대생 특혜 논란 및 공정성 담론으로 흘러가 버렸으니 말이다.

지금까지 이야기한 의사 사회의 정서를 대다수 사람은 이해하지 못할 것으로 생각한다. 당연하다. 누구나 병원에 가면 약자가 되고, 인간으로서의 존재감 상실을 경험하는 상황에서 의사라는 사람들이 환자의 권리와 안녕에 그리 관심을 보인 적이 있었던가. 환자의 이야기를 귀담아듣지도, 설명을 제대로 하지도 않는 이유가 바빠서 혹은 과다 노동에 시달리기 때문이라면서 정작 의사 수를 늘릴 필요가 없다고 한다. 수능 시험 고득점자만이 능력 있는 의사가 될 자격이 있다는 천박한 엘리트 의식을 스스럼없이 내보일 수 있는 사람들, 자신들의 주장을 관철하기 위해서라면 언제라도 진료를 중단할 수 있는 무서운 사람들이다. 우수한 학생들이 의대로 몰리는 현상이 점점 더 심해지는 건 그들의 사회적 지위와 소득 수준이 그만큼 좋다는 방증일 텐데, 도대체 여기서 무엇이 부족해 그들은 좌절하는가? 진정한 좌절이라는 것을 맛본 적 없는 이들의 좌절이 정말 고통받고 있는 사람들에게는 마치 장난처럼 비칠 수도 있지 않을까? 누군가는 마치 박완서의 소설《도둑맞은 가난》의 주인공이 부잣집 도련님에게 느끼는 처절한 모욕감을 떠올렸을 수도 있겠다.

이 모든 것이 그들의 엘리트 의식과 특권을 지키려는 이기심에서 비롯했다는 설명이 바깥에서 볼 때 가장 합리적인 이해 방식인 것은 어찌 보면 당연한 결과일 것이다. 그러나 그것만으로 의사들의 행동을 설명할 수 있을까? 인천국제공항공사 정규직이 비정규직의 정규화를 반대했던 이유를 "정규직들이 배가 부르고 이기적이어서"라고 설명하는 것은 지나치게 단순한 해석이다. 마찬가지로, 의사의 집단행동 역시 도덕적으로만 재단하기 어려운 다른 이유가 있다고 생각한다. 의약 분업을 비롯해 정부와 갈등을 겪으며 쌓아 온 집단적 번아웃은 이 집단행동의 배경 중 하나다. 전문가인 동시에 자영업자의 속성을 모두 가지고 있는 의사 집단은 내부에서도 다양한 이해관계가 있고 충돌이 많은 데다가, 리더십이 부재하고 조정이 잘 안 된다는 특성이 있다. 결국 이들이 내부에서 합의할 수 있는 공통의 정서인 집단적 번아웃 외에는 결속의 수단이 없는데 이것만이 날것으로 대중에게 드러나 가진 자의 횡포로 비치게 된 것이다.

나는 의사들이 왜 그토록 불친절하고 바쁘며 오만한지, 또 그러는 한편 번아웃에는 왜 빠지는지 말하고자 한다. "그걸 왜 사람들이 알아야 하는가?", "당사자들이 알아서 잘해야 하는 것 아닌가?", "사회 지도층인 당신들이 먼저 달라져야 하지 않나?"라고 묻는다면 아마 잠시 주춤하게 될지도 모르겠다. 그러나 의사 집단 또는 의사라는 직업 전반에 대한 불신은 의사 자신들에게 독이 될 뿐만 아니라 사회적인 비용이 커진다는 더 큰 문제를 안고 있다. 당장 아플 때 의지해야 하는 의사가 이기적인 엘리트이자 장사꾼에 지나지 않는다고 간주하면(이미 많은 분이 그렇게 생각하는 것으로 알고 있다) 치료적 인간관계를 형성하기 어렵다. 그뿐만 아니라 의료와 관련한 사회적 이슈에서 전문가가 신뢰를 얻지 못하면 사회 구성원들의 문제 인식과 대응에 차질이 빚어지게 된다. 그리고 이것을 우리는 코로나19 팬데믹이라는 중대한 공중 보건 위기 상황에서 확인했다.

제 한 몸 챙겨 살기도 바쁜 국민에게는 의사들을 이해할 여력이 없다. 좌절한 의사들도 무엇이 문제인지 계속해서 말하는 데 지쳐 버렸다. 그러나 나는 여전히 먼저 설명하고 설득해야 하는 쪽은 의사라고 생각한다. 궤변인 것 같지만, 모든 의사는 의사가 아니었던 적이 있으니까. 적어도 의사 면허를 따기 전까지는 말이다. 의사가 본격적으로 '국민 밉상'으로 떠오른 의약 분업 파업 직후 면허를 따 진료를 시작하고, 지난 20년간 의료 현장에서 각종 모순을 보고 또 그 모순에 일조해 온 중견 의사로서 왜 이 시스템이 지속 가능하지 않으며 왜 의사들은 좌절하는 것인지 말해야 할 의무를 느낀다. 이 책에서는 우리나라 의료 시스템의 문제들을 통해 의사 집단의 번아웃 현상을 이야기하고자 한다. 진료과별 인력 편중 문제, 짧은 외래 진료 시간, 그리고 낮은 입원 진료 만족도에 관한 이야기들이다.

사실 나는 환자를 보는 임상 의사이고, 이런 문제들을 사회학적으로 다루는 의료관리학이나 분석 도구에 익숙하지 않다. 정교한 분석을 선보일 능력도 부족하다. 여러 이해관계 당사자들을 취재할 능력과 여력도 없어 저널리즘 관점의 글도 쓰지 못할 것이다(누군가는 이런 작업을 해 주기를 바란다). 또한, 수도권의 대형 병원에서 근무하는 전문의 시각에 한정된 이야기라는 점에서 지역, 개원가, 중소 병원의 현장을 담지 못하는 치명적인 한계이자 단점이 있다. 어쩌면 이 책도 우리가 왜 '의레기'가 될 수밖에 없었는지 열심히 역설하나 대중에게는 가닿지 못한 수많은 글 중 하나가 될지도 모르겠다. 하지만 대중과 전문가 사이에 존재하는 언어의 간극을 메꾸는 글을 쓰고 싶었던 사람으로서 도전해 볼 만한 일이라고 생각했다. 의료 현장에 발 딛고 있으면서 느끼는 불합리함을 이곳에 있지 않은 이들도 이해할 수 있는 언어로 옮기기 위해서다. 환자, 의료 소비자, 또는 일반 국민의 관점이 의사와 같을 수는 없겠지만 그 지점을 어떤 방식으로든 이어 가는 것은 여전히 꼭 필요한 작업이라고 생각한다. 이렇게 말하면 아마 나의 의약 분업 파업 키즈 동료들은 피곤한 눈을 뜬 채로 "당신은 너무 순진하다"고 말할지도 모른다. 그들을 충분히 이해한다. 사실은 나 역시 피곤하다. 그러나 공공 의대 파업 키즈, 그리고 그 이후 세대의 의사들은 적어도 집단적 번아웃의 정서에서 벗어날 수 있기를, 또 국민 입장에서 의료 문제를 바라보고 그들의 지지를 받을 수 있기를 간절히 소망하는 마음으로 이 책을 썼다.

1

의사들은 왜
필수 의료를
기피할까?

"필수 의료를 선택하는 의사들이 점점 줄어들고 있다." 매년 국정 감사가 있는 9월부터 10월, 그리고 다음 해 전공의를 선발하는 11월에서 12월이 되면 나오는 단골 뉴스다. '필수 의료', 또는 '필수 진료과'란 대개 생로병사가 좌우되는 질병 및 건강 상태를 관장하는 진료 과목으로 통상 '내외산소' 즉, 내과·외과·산부인과·소아청소년과를 의미한다.

현재 전국 수련 병원에서 선발하는 정원에 비해 필수 진료과에 지원하는 전공의 수는 턱없이 부족하다. 2020년 기준 소아청소년과 전공의 지원율은 30퍼센트대로 사상 최악을 기록했고, 전통적 기피 대상 과인 흉부외과도 40퍼센트대에 머물렀다. 필수 진료과 중에서는 내과만이 간신히 100퍼센트를 넘긴 상황이다. 나는 내과 의사다. 아직 경쟁률이 많이 떨어지지 않은, 할 만한 과인 셈이다. 하지만 과연 정말 그럴까? 속내가 조금은 복잡한, 나와 가장 가까운 내과 이야기부터 시작해 보겠다.

## 흔들리는 종합 병원의 중추

내과라고 하면 사람들은 보통 감기나 배탈을 떠올린다. '○○ 내과 의원'이라고 간판을 내건 곳에서 가장 많이 진료하는 질병이 감기와 배탈이기 때문이다. 조금 나이대가 있는 분이라면 고혈압이나 당뇨 치료를 받으러 가는 곳이 내과이기도 하다. 그렇다면 종합 병원에서 근무하는 이들은 내과라는 단어에서 어떤 병을 연상할까? 주로 폐렴, 심근 경색, 간경화, 급성 신부전 등 말만 들어도 무시무시한, 생명 보험 약관에나 나올 법한 병들일 것이다. 병원에서 관용어처럼 쓰이는 우스갯소리 중에 "여러 임상 진료과를 크게 둘로 나누면 내과 외 기타 잡과"라는 말이 있다. 내과의 비중과 역할이 얼마나 큰지 보여 주는 하나의 방증이다. 내과는 수술적 치료를 하지 않는 대부분의 병, 그중에서 내부 장기와 관련된 병을 진료한다.

내과 의사들의 무기는 주로 약이며, 종종 내시경이나 심혈관 중재 시술에 쓰이는 가느다란 카테터, 투석 기계, 인공호흡기 등을 사용한다. 규모가 큰 종합 병원에서는 한 사람이 내과 전체를 다루지 않는다. 대개 전문의 취득 후 각자 세부 전공 즉, 분과를 정해서 수련받은 '분과 전문의'들이 나눠 맡는다. 최근 코로나19 팬데믹으로 관심의 대상이 된 감염내과 역시 내과의 한 분과다. 다시 말해, 감염내과 의사가 되려면 당연한 말이지만 먼저 내과 전문의가 되어야 한다. 병원 안에서 주로 항생제 치료를 담당하지만, 감염병 예방 및 관리라는 눈에 안 보이는 더 큰 역할을 가진 셈이다. 내가 속한 종양내과는 암 환자를 주로 본다. 항암제 치료 및 암으로 인한 여러 증상과 합병증에 필요한 치료를 담당한다. 이렇듯 내과는 우리와 가장 가깝고 흔한 질병부터 사람을 죽음에 이르게 하는 병까지 보는, 임상 의학의 중추 역할을 한다.

내과 의사가 되려면 어떤 과정을 거칠까? 여느 과와 마찬가지로 인턴 1년, 레지던트 3년(2017년 전에는 4년이었다)의 수련을 마친 후 전문의 자격증을 취득하게 된다. 앞서 말한 전공의는 인턴과 레지던트 과정을 합쳐서 그렇게 부르기도 하지만,[4] 보통은 전문 진료과를 정해 수련하는 레지던트 과정을 일컫는다. 이 중 상당수는 분과 전문의가 되기 위한 '전임의' 수련을 2~3년간 거친다. 전문의 자격을 취득한 후에도 병원에서 수련하는 의사들을 전임의, 펠로우fellow, 또는 임상 강사라고 부른다. 대학원에 빗대자면 인턴은 석사, 전공의는 박사, 대개 포닥Post Doctoral course이라 부르는 전임의는 박사 후 과정으로 각각 비유할 수 있다. 전공의와 박사 과정 대학원생은 면허 또는 학위를 취득하기 위해 저임금을 감수하고 일하는 직종이라는 점에서 닮았다. 또 전임의와 포닥은 취업 대기 중인 고학력 임시직이라는 측면에서 박사 후 연구원과 유사하다. 이 전공의와 전임의들이 실제 종합 병원이라는 거대한 조직을 떠받치고 있는 사병이자 일개미들인데, 그중에서도 내과의 비중이 가장 크다.

내가 인턴을 마치고 내과 전공의 과정에 지원했던 2000년대 초, 당시 내과 경쟁률은 2 대 1이었다. 엄청난 인기과는 아니었지만, 그렇다고 전공의를 못 구해 애를 먹는 기피 진료과도 아니었던 거다. 의과 대학 수석 졸업자라면 항상 내과를 선택하던 과거의 영광은 그때도 사라진 지 오래였지만(내 졸업 동기 중 수석은 안과를 택했고, 요즘은 대부분 피부과나 성형외과를 선택한다), 그래도 의학의 중심이라 할 수 있는 내과는 많은 의사가 선택하고 싶어 하는 전공이었다. 그러나 이후 내과 전공의 지원율은 계속 떨어져 2014년 결국 미달을 기록했다. 다른 필수 진료과들의 사정은 이미 그 이전부터 심각했다. 흉부외과는 1990년대부터, 외과와 산부인과 등도 2000년대부터 미달이 시작됐다.

2010년대 들어서 내과까지 전공의 모집이 어려워지자 '정말 필수 의료가 무너지는 것이 아닐까' 하는 위기감이 엄습했다. 대한내과학회는 이 위기를 타개하기 위해 2017년에 선발한 전공의부터 수련 기간을 기존 4년에서 3년으로 줄였다. 박봉에 시달리며 고생하는 수련 기간을 줄인 것은 면허 취득에 드는 기회비용을 낮춰 내과 지원율을 높이기 위한 노력의 일환이었다. 그 덕에 이후 내과는 전공의 충원에 약간 숨통이 트였고, 최근 수년간 간신히 100퍼센트를 채우고 있다. 그러나 병원 내 업무 부담은 더 커졌다. 4년에서 3년으로 수련 기간을 줄인다는 것은 과거보다 전공의 인력을 4분의 3으로 줄이는 교육지책이기 때문이다. 그렇다면 어쩌다 내과가 기피과 반열에 들게 됐을까. 수련이 힘들어서? 수입이 적어서? 소

위 말하는 '워라밸Work and Life Balance'을 추구하는 요즘 세대의
특성 때문에? 의대 정원을 늘려 의사 할 사람이 많아지면, 내
과는 과연 과거의 영광을 되찾을 수 있을까?

## 동반자나 수호자가 되고 싶었던 기술자

내가 있는 종양내과는 내과 분과 중 비교적 소규모다. 보통 소
화기, 호흡기, 심장내과가 전통적인 주요 분과로 꼽히고 실제
로 이 분야를 전공한 의사 수가 훨씬 많다. 그러나 암 환자가
많이 오는 이른바 Big 5 같은 대형 병원(서울아산병원, 삼성서
울병원, 서울대학교병원, 세브란스병원, 가톨릭대학교 서울성모병
원)에서는 종양내과 덩치가 제법 커진다.

　　내가 근무하는 병원의 종양내과 입원 환자 수는 약
200명이다. 이는 웬만한 중대형 종합 병원의 전체 입원 환자
수 규모로 이들을 일고여덟 명의 전공의가 담당하고 있다. 전
공의 한 명당 20~30명 정도의 입원 환자를 진료하는 셈이다.
가끔은 40명까지 넘어가 업무 과중 상태가 될 때도 있다. 참
고로 2013년 미국의 입원 전담 의사들을 대상으로 한 설문
조사 연구에서 의사 한 명이 담당하는 입원 환자 수의 적정
수준이 15명 정도로 보고된 바 있다. 현재로서는 우리가 좀
더 많긴 하지만 대한민국이 전체적으로 과로하는 나라라는
것을 염두에 두면 크게 나쁘지 않은 수준이다. 단, 낮에만 근

무할 수 있다면 말이다.

문제는 밤과 주말이다. 이 인원으로는 주간 근무팀과 야간 근무팀을 따로 운영할 수 없다 보니 낮에 일하던 사람들이 밤까지 번갈아가며 연장 근무를 해야 한다. 두 명의 야간 당직자가 200명을 나누어 담당하니 의사 한 명이 하룻밤에 환자 100명의 안위를 책임지는 상황이다. 종양내과에는 중환자가 많다. 밤사이 상태가 나빠져 중환자실로 옮기거나 종종 사망하는 환자까지 생긴다. 그러다 보니 전공의 대부분이 거의 잠을 못 자고 일한다고 보면 되는데, 이렇게 당직을 서도 곧바로 퇴근하지 못한다. 다음날 낮에 자신이 담당하는 20~30명의 환자까지 진료하고 저녁이 되어야 집에 갈 수 있다. 이른바 '전공의 특별법'이 생기면서 이제 36시간 이상 연속 근무를 할 수 없게 됐는데, 하루 당직을 서면 정확히 36시간 연속 근무가 된다. 사실 여기까지 말한 근무 환경은 그나마 괜찮은 편이다. 전공의 특별법 시행 전에는 이삼일 연속 당직 서는 경우도 흔했다. 규모가 작은 병원도 사정은 크게 다르지 않다. 대형 병원보다 환자 수가 적지만, 의사 수는 그보다 더 줄어들기 때문이다. 전공의법 자체가 지켜지지 않는 등 훨씬 더 열악한 환경도 허다하다.

그렇다면 이렇게 3년간의 수련을 마친 이들은 계속 암 환자를 진료하게 될까? 아마도 대부분은 아닐 것이다. 물론 암 환자를 보는 일이 내과 의사 사이에서도 아주 인기 있는 건 아니지만, 전공의들이 종양내과에 많이 지원하지 않는 주된 이유는 암 환자가 주로 오는 대학 병원의 정규직 전문의 수가 제한되어 있기 때문이다. 즉, 일자리가 많지 않아서다. 대한종양내과학회에 등록된 종양내과 전문의는 약 700명 정도다. 매해 새로 발생하는 암 환자가 20만 명이 넘는다는 것을 생각하면 의사 수가 한참 부족해 보인다. 암 환자가 이렇게나 많은데 암 환자를 진료하는 의사의 일자리는 왜 이리 적은 걸까? 이유는 간단하다. 외래 진료를 볼 전문의만 정규직으로 뽑고, 응급실과 입원 진료는 인건비가 싼 전공의에게 맡겨도 병원은 돌아가기 때문이다.

코로나19 팬데믹으로 심각성이 드러난 우리나라 감염내과 의사 수 역시 마찬가지다. 전국의 감염내과 의사는 275명 정도로, 인구 10만 명당 감염내과 의사 수가 0.5명에 그친다는 연구 결과가 얼마 전 언론에 보도됐다. 그나마 이 수치도 과거보다 많이 늘어난 수준이다. 항생제 처방이야 의사라면 누구나 할 수 있고, 감염내과 의사가 병원 내 감염 환자를 진료할 때 나오는 감염 관리 수가酬價[6]는 얼마 되지 않으니 일선 병원에서 감염내과 의사를 고용할 동기가 크지 않았다. 내가 2000년대에 전공의 수련을 받으며 근무했던 몇몇 지역 병원과 서울 시내 공공 병원에는 감염내과 의사가 아예 없었다. 뭐

랄까, 감염내과 의사는 한마디로 병원 살림이 좀 나아져야 갖추는 사치품 같은 존재였다. 2015년에 메르스(MERS·중동 호흡기 증후군) 사태를 겪고 나서야 감염 관리 수가가 상향, 신설됐다. 또 당시 감염내과 의사들의 일자리가 약간 늘어나기도 했는데, 코로나19와 같은 신종 감염병에 대응하기에 인력은 여전히 턱없이 부족한 실정이다.

종양내과, 감염내과 같은 특수한 전공을 택한 전문의들은 대개 상급 종합 병원에서 근무하는 반면, 한 해 600명 정도씩 쏟아져 나오는 내과 전문의들은 대부분 우리가 동네 의원이나 가까운 중소 병원에서 만나는 의사가 된다. 정확한 통계는 없지만, 보건 의료 인력 실태 조사[7]를 통해 유추해 본다면 전공의가 수련하는 큰 규모의 상급 종합 병원 전문의 비율은 전체 전문의 중 15퍼센트 정도다. 나머지 대부분은 작은 규모의 병원 또는 요양 병원의 '봉직의'나 '개업의'가 된다. 병원이나 검진 센터, 요양 병원 등에 취직해서 월급을 받는 의사를 봉직의 또는 페이 닥터pay doctor라고 한다. 개업은 본인이 의료 기관 개설자, 즉 자영업자가 되는 것이다. 이렇게 수련을 마치고 봉직의 시장에 나오거나 개업을 선택하는 것을 의사끼리는 흔히 "강호에 나온다"고 표현한다. 수련 기간을 보낸 상급 종합 병원은 이제 더 이상 나를 보호해주지 않으며, 의료 시장이라는 거친 무림에서 나 자신을 상품으로 팔아 가치를 증명해야 하는 단계다.

그렇다면 내과 의사의 시장 가치는 무엇으로 결정되는가. 모두가 알다시피 우리나라는 환자에게 일차 진료 의사가 지정된 것[8]이 아니라 환자 개인이 원하는 의사를 그때그때 선택해서 찾아가는 시스템이다. 환자를 면밀히 진찰해 적절하게 처방하고, 그의 건강을 지속적으로 관리하는 일은 안타깝게도 현재 우리나라 건강 보험 제도에서는 제대로 보상받지 못한다. 환자들 역시 의사에게 그러한 서비스를 받을 수 있을 것이라 기대하지 않는다. 그렇다 보니 환자들은 어떤 의사가 진단과 치료를 적절하게 잘하는지 판단하기 어렵다. 정보가 없으니 병원의 인테리어와 분위기, 또는 구비해 놓은 의료 장비 등 피상적인 것들로 판단하게 될 수밖에 없다. 의사 입장에서는 내시경, 초음파 등의 검사를 많이 할수록 돈이 벌리고 전문적으로 보이며 검사를 안 해서 진단이 늦어졌다는 환자 불만을 피할 수 있다.

그러니 내과 의사의 상품 가치는 혈압과 혈당을 잘 조절하거나 항생제를 적절하게 써서 환자가 더 잘 회복하게 해주는 데 있지 않다(그런 것은 어차피 평가 자체도 어렵다). 또한, 상급 종합 병원에서 배웠던 것들 즉, 죽어가는 환자를 살리는 기관 삽관 혹은 중심 정맥관 삽입을 할 줄 안다거나 인공호흡기를 다룰 줄 안다고 해서 더 대우받는 것도 아니다. 그보다 내시경이나 초음파를 볼 줄 아는지에 따라 몸값이 달라지고 여기에 미용 레이저까지 다룰 줄 알면 금상첨화이다.

내과라는 전공을 택할 때 젊은 의사 대부분은 만성 질환을 잘 관리해 건강 수준을 높이는 환자들의 동반자(일차 진료 의사)가 되거나, 중증 질환의 위협으로부터 그들을 지키는 수호자(상급 종합 병원 전문의)가 되고 싶었을 테다. 그러나 강호에 동반자를 찾는 곳은 없고, 수호자 역할을 하기에 일자리는 너무도 적다. 강호에서 할 수 있는 남은 역할은 내시경, 초음파 기술자[9]가 대부분이며, 그나마도 그 자리가 점점 포화하고 있다. 2009년 1만 1974명 수준이었던 내과 의사 수는 2019년 1만 8424명으로 50퍼센트가량 증가했고, 이들은 종종 동반자나 수호자의 역할도 하지만, 대개는 기술자다.

## 급여와 비급여

이상하다. 의대생 정원은 2006년 동결 이후 늘지 않았다. 그런데 어떻게 내과 의사 수는 불과 10년 사이에 50퍼센트나 증가할 수 있었을까? 다른 진료과의 정원이 줄어서 내과로 온 걸까? 그런 것 같지는 않다. 거의 모든 진료과 정원은 같이 증가했고, 그 이유는 전공의를 수련시키는 병원이 늘어났기 때문이다. 2000년대 초반 3000~3400명 정도였던 전국의 레지던트 수는 2010년대 들어 4000명에 이르렀는데, 주로 암 진료 보장성이 확대되면서[10] 대형 병원들이 앞다퉈 암 병동을 증축하고, 대학 병원들이 분원을 신설하면서 일어난 일이었다. 전문의들의 일자리가 늘었지만, 더 많이 늘어난 것은 값싼 인력인 전공의 일자리였다. 졸업하는 의대생 수는 매해 3000~3500명 정도인데 레지던트 정원이 4000명이 넘어가니, 과거라면 전문의 면허를 따지 않고 일반의로 활동했을 이들이 전공의 수련을 받고 전문의 면허를 따게 된 게 전문의 수 증가의 원인이다.[11]

레지던트 정원 증가와 함께 소위 인기 진료과를 선호하는 이들의 선택권은 넓어진 대신 기피과에 지원하는 이들은 더욱 줄어들었다. 안 그래도 사람이 없어 힘들어하던 흉부외과, 일반외과 등은 인력난이 더욱 심해졌고, 인기과와 기피과의 중간 정도에 있던 내과는 인력이 과잉 공급되면서 봉직의 시장에서 전문의 몸값이 상대적으로 떨어졌다. 그러다 보니 지원 인원이 줄어들어 기피과로 전락하는 수순을 밟게 된 것이다.

대학 병원의 중환자 진료를 전담하다시피 하다가 강호에 나와서는 감기, 배탈 환자를 주로 보고 내시경 기술자로 살게 되는 이들은 대학 병원에서 헐값에 쓰다 버려지는 소모품 같은 느낌을 받게 된다. "전문의 면허를 따니 쓸데없는 고퀄high quality이 되었다"라는 자조적인 언어유희도 이제 낯설지 않다. 물론 경증 환자를 진료하는 것이 가치가 떨어지는 일은 아니지만, 수련 기간에 익힌 것과 수련 이후 실제 하게 되는 업무가 너무 다른, 이른바 잡 미스매치job mismatch는 이전부터 문제로 지적됐다. 게다가 대형 병원이 몸집을 불리면서 환자를 흡수하는 사이, 동네 의원과 중소형 병원은 환자가 줄어 경영이 어려워지고 서비스 질은 떨어지며, 갈수록 환자가 더 줄어드는 악순환을 최근 십수 년간 겪고 있다. 자연스럽게 대형 병원에서 수련을 받고 나와 봉직의 시장이나 개업 시장에 나오는 것에 대한 경제적 위험도 점점 커지고 있다.

개원가에서 이러한 경제적 위험을 상쇄할 수 있는 수단은 '비급여'다. 우선, '급여'는 국민건강보험공단이 일부 진료비를 부담하는 진료 항목을 의미한다. 급여 진료의 가격은 건강보험공단에서 결정한다. 감기에서부터 폐렴, 당뇨, 심장병, 암 등의 필수 진료는 당연히 대부분 급여 진료다. 반면, 비급여는 미용 성형과 같이 건강 유지에 필수적이지는 않거나 비용 효과가 떨어지는 진료 항목을 뜻한다. 건강보험공단이 비용을 부담하지 않고 전액을 환자가 부담하며, 가격은 공급자인 병·의원에서 정한다. 급여 진료의 보상이 적절하지 않을 때, 비급여로 눈을 돌리게 되는 것은 어찌 보면 당연한 결과라고 할 수 있다.

비급여의 대표 격인 미용 성형 의료의 성장은 눈부시다. 서울 시내 지하철 광고판은 최근 10년 새 모두 미용 성형 업계 광고로 뒤덮였다. 2020년 8월 조선일보 보도에 따르면, 대한의사협회가 추산한 미용 성형 의료 종사자 수는 3만여 명이다. 물론 이들 중 상당수가 전문의가 아닌 일반의일 것으로 추정된다. 내과 의사가 1만 8000명 정도인데 이보다 미용 성형 종사자들이 더 많다는 것은 아이러니로, 사실 이 3만 명 중에는 상당수의 내과 의사가 포함됐을 것으로 추정된다. 네이버와 카카오에 연재되고 있는《내과 박원장》이라는 웹툰 속 주인공은 심장내과 수련을 받고 강호에 나왔지만 정작 병원을 운영하기 위해 미용 레이저 기계를 사고 관련 강좌를 들으러 다닌다. 급여 진료에 대한 보상이 충분하지 않다는 것은 대부분 알고 있지만, 그것이 문제라고 생각하는 이들은 많지 않다. 대부분 '진료비가 저렴해도 의사들의 소득이 충분히 높으니 더 올릴 필요가 없다'라고 생각한다. 좀처럼 그 이상 논의가 진척되지 않는 이유는 무엇일까? 우리 사회의 불평등 이슈가 워낙 심각하다 보니 '가진 자들에게 더 주자'는 프레임이 되어 버리면 설득력을 얻기 어렵기 때문이 아닐까 생각한다. 그러나 급여 진료비는 의사만의 소득이 아니고 간호사와 의료 기사 등 병·의원 노동자들의 소득이기도 하다. 이것이 지나치게 저렴하면 급여 진료의 질을 높이기 어렵고, 급여 진료를 할 유인책 자체가 사라지게 된다. 전형적인 급여 진료 업종인 내과 의사보다 미용 성형 업계에 종사하는 의사가 더 많은 것이 이러한 현실을 반영한다. 미용 성형 외에도 영양 수액 치료, 도수 치료 등 비급여 치료로 도피하는 병·의원들이 늘고 있고, 어차피 전문의 자격을 취득해도 이런 비급여 치료가 주된 업이 될 것이라고 예상한다면, 전공의로서는 급여 진료를 하는 필수 진료과를 선택하는 대신 피부과나 성형외과 등 비급여 진료를 주로 하는 전문의 자격을 취득하는 것이 합리적 선택이 될 것이다.

요약하자면, 내과 등 필수 진료과를 선택하는 의사가 줄고 있는 것은 대형 병원의 팽창으로 전공의가 과잉 공급된 이후 벌어진 자연스러운 현상이자, 개원가의 비급여 진료 경향 강화로 필수 진료를 하는 의사에 대한 수요 감소가 동시에 작용한 결과다. 입원 진료의 대부분을 전공의가 떠받치고 있는 현실에서 외래 진료 및 수술, 시술을 담당할 전문의만 선발하면 됐던 병원은 일자리를 충분히 늘리지 않았으며, 전공의들은 면허 취득 후에 시장의 매물이 되어 시장이 원하는 비급여 진료에 종사하게 되는 한국 의료의 기이한 지형이 이러한 난맥상을 낳았다.

## 전공의 지원율과 출산율

필수 의료 기피 현상이 문제가 되자 흉부외과, 산부인과 등의 기피과는 전공의에게 지원금을 주어 가며 해당 과 지원을 독

려한 시기가 있었다. 그러나 기피과 지원을 늘리는 효과를 보지 못했다는 평가 끝에 이 지원금 제도는 2020년을 기점으로 폐지되었다. 전공의 수련을 받는 4년간의 월급만 오르는 이 제도에 젊은 의사들이 호응하지 않았기 때문이다. 자신의 전문 과목을 결정하는 것은 향후 수십 년간의 전망을 고려해야 하므로 어찌 보면 당연한 결과다. 외과와 흉부외과의 급여 진료에 대한 보상 금액을 늘리는 '수가 가산 제도' 역시 전문의 확보에 큰 영향을 주지 못했다는 평가와 비판을 받고 있는데, 수가 가산을 받은 병원들이 기존 의료진에게 인센티브를 제공했을 뿐, 새로운 일자리는 만들지 않았기 때문이다. 기피과로 대표되는 필수 의료에 '앞으로 해 볼 만하다'라는 가능성과 전망을 제시해 주지 않는 이상 젊은 의사들을 끌어들일 수 없을 것이다. 기피과 문제는 저출산 문제와 닮아있다. 출산을 하면 인센티브를 받는다고 해도 육아, 교육, 취업 등의 장기적인 문제가 해결되지 않는데 여성들이 아이를 낳으려 할까? 비슷한 맥락이다.

반대로 정부 정책이 기피과의 지원율을 끌어올린 좋은 예는 응급의학과다. 물론 지금도 근무 환경이 좋다고 보기는 어렵지만, 수가 인상과 규제를 적절히 활용해 일자리를 늘린 결과, 예전보다는 전공의 충원율이 높아졌다. 정부가 응급 환자 사망률을 낮추기 위해 응급 의료 체계 개선에 착수한 2013년

이후 권역 응급 의료 센터의 수가가 올라갔고, 전문의를 다섯 명 이상 의무적으로 채용하도록 기준을 강화했다. 병원이 전문의 채용을 늘릴 수밖에 없는 당근을 제시한 결과 수요가 늘었고, 자연스럽게 응급의학과 전문의들의 몸값은 껑충 뛰었다. 응급의학과는 높은 직무 스트레스에도 불구하고 일정 부분 일자리가 보장되고, 연봉이 높은 편이라는 장점에 힘입어 선호도가 올라갔는데, 50~70퍼센트 정도에 불과했던 전공의 충원율은 일자리와 소득이 늘어나면서 90~100퍼센트 수준에 근접했다. 아직 충분하지는 않지만, 그래도 흉부외과나 산부인과에 비해서는 양호한 편이다.

응급 의료 체계 개선은 전공의를 위한 것이 아니라 국민의 건강을 위한 정책이었다. 그것이 응급의학과 의사의 장기적인 전망도 더 나은 것으로 만들었다. 다른 진료과도 마찬가지다. 단순히 심장 수술의 수가를 올리는 것만이 아니라, 수술을 더 안전하고 효율적으로 하기 위해 의사를 더 많이 채용하도록 인력 기준을 마련한다면 흉부외과 의사의 전망이 더 나아지면서 이 일을 하려는 이들도 늘어날 것이다. 밤새 응급으로 심장 이식 수술을 하고 다음 날 아침 바로 판막 수술에 들어가야 하는 대학 병원 흉부외과 의사에게 그를 대신할 수 있는 동료를 만들어 준다면 말이다.

내과 의사 역시 마찬가지다. 코로나19 이후 새로운 판데믹 시대를 대비할 감염내과 의사 수를 늘리려면 감염 관리수가를 올리고, 병상당 감염 내과 의사 인력 기준을 강화해야하며, 감염 질환을 보는 공공 병상을 더 늘려야 한다. 지금은감염 내과 수련을 마쳐도 취직할 곳이 부족하니 지원자도 많지 않고, 종합 병원에 취업하지 못하면 개업하기도 어려운 전공이라 감염내과 전문의가 너무 많이 배출되지 않도록 이른바 '산아 제한'을 하는 상황이다. 미국 유수의 병원에는 감염내과 전문의만 50~60명 이상씩 있지만, 우리나라에서는 열명을 넘기는 병원 찾기도 어려운 실정이다. 80~100명에 달하는 종양내과 전문의도 국내는 Big 5 병원의 20명 남짓이최대이다. 병상을 1500개 이상 보유한 전 세계 50여 개 의료시설에는 우리나라 병원도 세 곳이나 포함되는데, 이런 규모에서조차 인력 수준이 이 정도이니 질 높은 의료 서비스를 기대하기란 어려울 수밖에 없다. 짧은 진료 시간에 대한 불만도좀처럼 사라지지 않는다. 합리적인 수준으로 진료를 제공할수 있는 인력 기준을 정하고 여기에 맞춰 병원들이 전문의들을 더 고용할 수 있도록 유도하는 것이 과연 불가능한 일일까? 물론 낮은 수가와 높은 인건비라는 큰 장벽이 존재하지만, 언제까지나 이 상태로 방치할 수는 없는 노릇이다.

## 강호로 떠날 필요가 없도록

지금까지 언급한 필수 의료 기피 현상을 해결하기 위해 의대 정원을 늘려야 한다고 말하는 분들이 많다. 지난해 코로나19 판데믹 한가운데서 한 달이 넘는 전공의 파업이라는 재앙을 불러일으킨 민감한 사안이 된 논쟁적 주제라 말을 얹기가 쉽지는 않다. 개인적으로는 늘릴 필요가 있다고 생각하지만, 위에서 말한 진료과 간 편중 문제, 그리고 여기서 언급하지는 않았으나 마찬가지로 심각한 지역 간 편중 문제를 해결하려면 더욱 설득력 있는 대책이 먼저 제시되어야 한다. 그 대책은 필수 진료과의 일자리다.

"일반 국민의 일자리도 부족한데 의사 일자리까지 정부가 만들어야 하냐"고 묻는다면 최근 코로나19 유행 중에 화두가 되었던 공공 의료 강화가 결국은 일자리 정책이라고 답할 수 있겠다. 아마 이번의 전 지구적인 위기를 통해 많은 분이 알게 되었으리라 생각한다. 필수 의료를 선택하는 의사가 줄어들고 있다는 뉴스가 나와 전혀 상관없는 일이 아니라는 것을. 미용 성형, 마늘 주사, 영양 수액을 처방하러 강호로 떠나는 의사 중 일부라도 필수 진료에 붙들어 놓아야 한다. 과로에 지쳐 병원을 떠나는 간호사들 역시 붙잡아야 한다. 그러려면 정부가 공공 병원에 양질의 의료인 일자리를 만들고, 민간 병원들이 전공의 인력으로 버티기보다 필수 진료과의 정규직 일자리를 창출하도록 유인책이나 규제를 만드는 것이 필요하다. 공공 의대를 설립한다 해도 그 졸업생들 또한 필수 의료를 선택하지 않고 강호로 빠져나간다면 아무 소용없지 않은가.

의사들은 왜
불친절할까?

의사들의 싸늘함과 공감 능력 부족 그리고 불친절. 언론에서 다루는 종합 병원 외래 진료실이나 응급실 이야기는 하나같이 불쾌한 경험들이다. 그래서 대개 의사의 인성과 교양 부족을 한탄하며 갈무리된다. 몇몇 기자들은 부모를 모시고 병원에 갔다가 받은 푸대접을 토로하며 지면에 분노를 쏟아 내기도 한다. 사실 의사들의 불친절은 일종의 보편적인 경험으로 누구나 공감할 것이다. 심지어 의사 자신들마저 어느 정도는 말이다.

해마다 높아져 가는 의과 대학 입시 커트라인은 '치열한 경쟁을 뚫고 선발된 두뇌에 인성은 결여될 수밖에 없을 것'이라는 클리셰를 강화했다. 의대 정원 확대 및 공공 의대 설립에 반대해 집단 휴진까지 있었던 지난해, 당시 대한의사협회 산하 의료정책연구소가 낸 홍보물 메시지는 이러한 생각을 더욱 고착시켰다. "전교 1등과 공공 의대 출신 의사 중 누구를 선택하겠습니까?" 입시 성적에 따라 선택된 자만이 의사로서의 역량을 인정받을 수 있다는 저질 엘리트주의를 의사 사회 스스로가 증명해 보인 셈이기 때문이다.

의사는 정말 공감 능력과 인문학적 소양이 부족해 그리도 불친절하고 오만한 것일까? 이들을 입시 위주 사회에서 엘리트주의에 찌든 적폐로만 규정해야 할까?

## 우리에게 허락된 3분

"좀 앉으세요." "바로 나갈 건데 뭣 하러 앉아요. 처방이나 빨리 내줘요." 3분 진료에 익숙해진 것은 의사뿐만이 아니다. 환자도 자신에게 허락된 이 짧은 시간에 적응을 마쳤다. 가끔 두서없이 자신의 증상을 줄줄 늘어놓는 사람도 있지만, 대부분은 뒤에 기다리는 환자가 많다는 사실을 알고 눈치껏 빠르게 진료실을 빠져나간다. 심지어 너무 완벽하게 적응해 이제 잠깐 서 있다가 필요한 것만 챙겨 바로 나가기도 한다. 하지만 환자 상태를 파악해 처방을 내리기까지 3분은 턱없이 부족하다. 그래서 환자의 통증 호소나 특별한 요청이 없는 한 진찰을 안 하거나 간단히 끝낼 수 있는 가슴 청진 정도만 하게 된다.

그러나 나의 상황은 더욱 복잡하다. 내가 보는 질병은 소화기 암으로 환자들이 대개 배가 아파서 오는 경우가 많다. 복부 진찰을 하려면 환자를 침상에 눕혀야 하는데, 이 과정에서 1~2분이 그냥 지나간다. 행동이 느린 노인 환자는 눕는 데만 족히 3~5분이 소요된다. 그러면 나는 마음이 바빠진다. 그렇다고 위험해 보이는 증상이 있는데 무심히 지나칠 수도 없는 노릇이다. 심상치 않은 증상을 호소하거나 상담이 오래 걸리는 환자들을 살피느라 10분, 20분을 쓰고 나면 그만큼 다른 환자들의 진료 시간은 2분, 1분으로 줄어든다. '한 시간 넘게 기다렸는데 진료는 왜 이렇게 금방 끝나느냐'는 볼멘소리가 나올 수밖에 없는 구조다. 진료가 하염없이 지연되는 사태를 막으려면, 조금이라도 안 좋아 보이는 환자는 응급실로 보내는 것이 상책이다(의사들은 이것을 보통 '응급실로 날린다'고 표현한다).[12]

의사가 3분간 해야 하는 일은 환자의 상태를 살피는 것 이외에도 수십 가지에 이르는 항암제와 보조 약제 처방, 검사 처방, 이에 대한 설명 등이 포함한다. 3분 안에 끝내기란 불가능에 가깝다. 최대한 시간을 아끼기 위해 환자가 이전에 하고 온 검사를 미리 확인하고, 향후 치료 계획까지 미리 다 정해 놓는 등 전날 밤 '예습'을 다 하고 왔음에도 그렇다. 어느 순간 외래 진료실에서의 목표는 '가능한 한 환자의 몸에 손을 대지 않고 그날의 진료를 정시에 마치는 것'으로 변했다. 그렇다고 정시에 진료를 마쳐본 적은 거의 없지만 말이다.

의사는 왜 이렇게 속전속결로 진료를 해야 할까. 물론 병원, 의사마다 편차는 있겠지만 나의 경우를 예로 들어 보겠다. 반나절 정도 진료를 보면 평균 40명가량의 환자를 만난다(이 정도면 나쁘지 않은 편이다). 이 중 대체로 35명이 재진, 5명이 초진이다. 현재 수가인 재진 1만 5000원, 초진 1만 9500원으로 계산하면 하루 반나절 매출은 62만 2500원이다(환자는 약제 및 검사비도 내지만 그것은 진료실 바깥에서 일어나는 일이고 약사와 검사실 기사의 인건비 등 다양한 비용을 고려해야 하므로 제외했다). 만약 하루 종일 진료를 보면 120만 원 정도의 매출이 될 것이다. 진료비 수익이 이 정도면 상당히 많아 보이지만, 여기에 들어가는 비용도 고려해야 한다.

외래 진료는 의사 외에도 보통 간호사 두 명이 보조하고, 원무과 직원의 노동과 전산 시스템이 뒷받침되어야 한다. 손 소독제와 마스크, 알콜 솜, 설압자, 진찰용 일회용 장갑, 드레싱 세트 등 소모품 구비도 필수적이다. 아무리 간소한 내과 진료실일지라도 최소한의 진료 도구 마련과 위생 관리는 기본이기 때문이다. 편의점 업계에서는 일 매출 150만 원 미만인 곳을 저매출 점포로 분류한다는데, 물론 단순 비교는 어렵겠지만 어쨌든 나의 외래 진료는 저매출 편의점만큼이나 기본 매출을 못 올리는 상황이다. 만약 여기서 선진국 수준으로 시간당 서너 명을 진료하면서 하루 여덟 시간을 일한다면 하루 매출은 50~60만 원 수준까지 줄어들 것이다. 다시 말해 일단 현재로서는 진료실 자체를 유지하기 위해서라도 가능한 한 많은 환자를 보는 수밖에 없다.

짧고 빠르게 보는 진료의 질이 좋을 리 없다. 물론, 제한된 시간 안에 많은 것을 파악하고 환자에게 필요한 조치를 해주는 것이 의사들에게 요구되는 이른바 실력이다. 하지만 보편적이어야 할 업무 효율의 기준이 초인의 그것이어서는 안 된다. 무엇보다 이 일의 대상은 물건이 아닌 사람이며, 그 일의 속성은 상대방과 속도를 맞춰야 하는 상호작용이기 때문이다. 그러나 진료실에서 의사들은 환자의 말을 막고 먼저 달려 나가기 바쁘다. 나는 한때 환자의 말을 끊어내지 못하는 것으로 고민했던 적이 있다. 물론 상대방이 두서없이 말할 때 이를 적당히 끊고 정리하면서 대화를 유도해 나가는 기술도 필요하다. 그러나 의사들이 환자의 말을 끊는 목적은 대부분 진료 시간을 줄이기 위함이다. 그러다 보니 적절한 곳에서 끊는 것이 아니라 황급히 틀어막는 것에 가깝다. "어제 외출한 이후부터 허리가 지끈거리며 아프더니 명치까지 시큰거리기 시작했다"며 호소하는 환자의 말을 막고 나는 외친다. "잠깐만, 그래서 제일 아픈 곳이 어디죠?", "엄청 심하게 아픈 게 10점이면 지금은 몇 점이나 돼요?"

## 커뮤니케이션 과외받는 의사들

의사의 진료는 주의 깊은 경청Attentive listening과 임상적인 추론 Clinical reasoning이 동시에 이뤄지는 복잡한 두뇌 활동으로, 쉽게 계량화하거나 평가하기 어렵다. 그래서 모든 것을 계량하고 평가해 근거evidence를 만드는 현대 의학에서는 도리어 이 두 가지가 경시되는 측면이 없지 않다. 많은 의사의 두뇌는 경청하는 것보다 필요한 정보를 효율적으로 얻어 빠르게 처방하는 방향으로 세팅되어 있다. 가령 통증을 호소하는 환자가 오면 환자 증상과 관련한 서사를 이해하고 추론하기보다, 내 머릿속 엑셀

차트에 통증의 PQRST(Position, Quality, Relieving or aggravating factor, Severity, Timing·통증 관련 병력의 기본 사항으로 각각 통증의 위치, 양상, 완화 요소, 악화 요소, 시간을 의미한다.)를 입력하고 처방 내리는 과정을 반복하는 식이다. 그러다 보니 언젠가부터 외래 진료의 목표는 환자의 건강이 아닌 '실수 안 하기'가 되어버렸다. 매일같이 벌어지는 속도전에서 처방을 잘못 내리거나 중요한 증상을 놓치는 의료 과실Medical error로부터 환자와 나를 지키기만 해도 반은 성공인 설정이기 때문이다.

2000년대 이후 국민 생활 수준이 올라가면서 의료 서비스에 대한 기대 역시 높아졌고 병원 간 경쟁은 더욱 심화했다. 좀 오래된 이야기지만 패밀리 레스토랑 종업원들이 무릎을 꿇고 주문을 받던 그 무렵부터 병원들도 '고객 중심의 서비스'를 강화하기 시작했다. 병원에 대한 뿌리 깊은 불만 중 하나인 의료진의 불친절을 개선하기 위해 각 병원은 의료진들의 의사소통 방식을 점검하고 개선하기 위한 정책을 내놓기 시작한다. 그중 하나가 의료진에 대한 고객 만족도 측정과 피드백, 그리고 커뮤니케이션 훈련이다. 또 국민건강보험공단이 2019년부터 진행하고 있는 '환자 경험 평가' 역시 병원 경영진으로 하여금 의료진의 의사소통 방식을 개선하도록 만들어졌다. 의료진이 환자의 말을 존중하는 태도였는지, 경청하고 지지하는 자세를 보였는지 등을 환자가 직접 평가하고 그 결과를 공개하기 때문에, 병원으로서는 신경 쓰지 않을 수 없다.

많은 병원이 내부 의료진에 대한 추천 의향(NPS·Net Promoter Score)을 정기적으로 조사하고 있다. 추천 의향은 경영학의 고객 관리 이론에서 나온 개념으로 0~10점 척도로 사용자가 매기는 점수에 기반한다. 쉽게 말해 "이 상품(병원에서는 의사 및 의료 서비스)을 다른 이에게도 추천하겠느냐"는 질문에 9점 이상의 긍정적인 답변을 한 충성 고객 비중을 측정하는 것이다. 다행히 의사들은 에어컨 수리 기사들이나 콜센터 직원들처럼 이 점수가 낮다고 해서 인사 고과나 연봉상 불이익을 받지는 않는다(개인적으로 서비스 개선 목적이 아닌 개인의 인사 고과에 NPS를 이용하는 것은 야만적이라고 생각한다. 특히 을의 위치에 설 수밖에 없는 저임금 노동자에게는 더욱더 말이다). 저조한 추천 의향 성적표를 근거로 의료진에게 정기적인 '과외'를 받도록 하는 병원도 있다. 실제 진료 장면을 녹화해 커뮤니케이션 전문가에게 일대일로 피드백을 받는 것이다. 이 정도까지 말하면 아마 놀라서 이런 질문을 던질지도 모르겠다. "아니 그런데 왜, 아직도 병원에 가면 이렇게 기분이 나쁘죠?"

## 친절과 환자 안전의 상관관계

나의 경험으로는 추천 의향이나 커뮤니케이션 과외 자체가 의사의 행동에는 큰 영향을 주지 못하는 것 같다. 내가 처음 과외를 받았을 때 들은 말은 "진료 속도가 너무 빠른 것 같으니 환자가 진료실에 들어와 앉을 때까지 5초 정도 쉬었다 말하고, 날씨 등 스몰 토크small talk로 이야기를 시작하라"는 조언이었다. 하지만 그렇게 하면 나에게 주어진 180초 가운데 30초 이상은 날아갈 것 같은데 진료는 그럼 언제 하라는 말인가. 이상적으로 들리는 원활한 대화의 '꿀팁'을 나도 활용해 볼 수 있다면 좋겠다. 한 환자당 적어도 10분 이상의 시간이 주어진다면 말이다. 여유를 갖고 친절하게, 그렇지만 빠른 속도로 진료하라는 불가능한 미션을 요구받으며 의사는 지쳐갈 수밖에 없다. 그러고 나면 추천 의향 점수가 몇 점이 나오든 상관하지 않고 자신의 '싸가지 없는' 의사소통 스타일을 다시 고수하게 된다.

물론 이런 의사소통 교육 자체가 전혀 쓸모없는 것은 아니다. 외래 진료 장면을 녹화해 한 발 떨어져 자신을 바라보는 과정에서 나 역시 약간의 깨달음을 얻기도 했다. '아, 이런 말버릇은 고쳐야겠구나', '표정에 신경을 쓰는 게 좋겠다', '내가 생각보다 환자 얼굴을 안 보네' 같은 것들이다. 빨리 진료하면서도 약간 더 친절해지는 것이 전혀 불가능한 것은 아니다. 특히 병원 주도의 친절 교육보다는 정신과 선생님들이 진행하는 진료 면담 기술 교육이 사실은 의료진에게 더 울림이 크다. 환자의 심리를 바탕으로, 의사가 어떤 말과 행동을 하는 것이 훨씬 효과적으로 받아들여지는지를 새삼 배우게 되기 때문이다.

그러나 물리적 시간의 영향은 여전히 부정할 수 없다. 시간이 부족하면 마음이 바빠지고, 마음이 바쁘면 남에게 내어 줄 여유가 사라진다. 정말 최악의 경우에는 실수를 저지르기도 한다. 바꿔 말해 짧은 진료 시간은 단순히 '불친절하다'는 부정 평가를 넘어 환자의 안전을 위협하는 요인으로 작용하고 있다. 실제로 여러 연구에 의하면 짧은 진료 시간은 오진의 위험을 높이고 불필요한 약제 처방, 항생제 남용, 의사소통 장애, 안전사고 증가와 같은 여러 문제를 낳는다.

최소한의 진료 질을 보장하고 유지하기 위해서 얼마큼의 시간이 필요할까? 정답은 없다. 각국 진료 시간을 비교한 논문[13]에 따르면 선진국 진료 시간은 대체로 10분 이상이다. 다소 짧은 일본과 영국이 10분, 호주와 미국은 15~20분 정도다. 5분 미만인 국가에는 인도, 중국, 파키스탄, 아프가니스탄 등 개발 도상국이 주로 포함된다. 눈여겨볼 것은 진료 시간이 대체로 해당 국가의 의료비 지출과 비례한다는 점이다. 2019년 기준 우리나라의 의료비 지출은 국내 총생산 대비 8.2퍼센트로, 2013년의 6.2퍼센트에 비해서는 상당히 빠르게 증가하고 있으나, 아직 OECD 회원국 평균인 8.8퍼센트에는 미치지 못하는 수준이다.[14] 어쩌면 지금의 짧은 진료 시간은 필연적일 수

밖에 없을지 모른다. 그러나 이제 우리 국민들은 기본적인 의
학적 필요를 충족하는 것에서 나아가 좀 더 인간적으로 존중
받을 수 있는 진료 환경을 원한다. 예산을 투입해서라도 기본
진료 시간을 늘리기 위해 노력해야 한다. 그런데 우리나라에서
는 왜 수십 년째 3분 진료를 한탄하고 의사들의 인성을 탓하는
언론 기사만 양산될 뿐 변화가 없을까?

## 적응의 부작용

짧은 진료 시간이 개선되지 않는 이유는 여럿 있겠지만, 가장
큰 이유는 의료계가 저수가低酬價에 기반한 시스템에 너무나
잘 적응한 이 현실 자체다. 모든 의사가 너 나 할 것 없이 저수
가를 비판하지만, 일부는 저수가를 이용한 박리다매 시스템
으로 병원을 운영하며 상당한 소득을 올리고 있다. 개원 이후
경제적으로 성공한 일부 의사들을 보면, 흔히 해당 지역 환자
들을 '싹쓸이'했다는 뒷이야기가 돈다. 하루에 환자를 70명,
100명까지 보면서 병원을 일으켜 세웠다는 개원가 자수성가
사례는 부러움의 대상이다. 심지어 의협은 이를 두고 '의사들
이 효율적으로 일해 생산성을 높인 것'이라고 표현한다. 박리
다매 시스템에 대한 암묵적 지지는 의협이 한때 건강보험공단
에서 운영했던 '차등수가제'에 지속적으로 반대하는 이유이기
도 하다. 차등수가제는 의사 한 명당 하루 진료 환자 수가 75명

이 넘어가면 진찰료를 적게는 10퍼센트에서 많게는 50퍼센트까지 깎는 제도다. 국민건강보험의 재정 건전성을 확보한다는 명목으로 2001년부터 시행됐는데, 의사들로부터 '박리다매 진료 환경을 만들어 놓고 보상도 제대로 하지 않는다'는 비판을 받다 결국 지난 2015년 폐지됐다.

그러나 단순히 보험 재정을 아낀다는 차원에서 시작되었던 차등수가제는 의도치 않은 고용 촉진 효과를 낳기도 했다. 의사 한 명당 진료 환자 수를 적정 수준으로 맞추기 위해 많은 환자를 보는 병·의원들이 추가로 의사를 고용했기 때문이다. 즉, 봉직의로 취업해야 하는 젊은 의사들에게는 비교적 유리한 제도였지만, 의협은 이미 지역에서 기반을 잡은 개원의들의 입김이 더 강해 이 제도를 반대했다. 캐나다의 일부 주에서는 차등수가제와 비슷한 정책인 'Daily cap'을 시행하고 있다. 하루 진료 환자 수를 50~65명으로 제한하고 그 이상의 진료에 대해서는 진찰료를 절반으로 깎거나 아예 지급하지 않는다. 환자의 안전과 의사 본인의 건강을 보장하기 위한 정책이라는 설명을 처음 읽었을 때 한편으로는 슬픈 생각이 들었다. 왜 우리나라는 이런 정책이 있다가도 사라졌고, 그나마도 큰 병원은 면제해 의원급에만 적용했으며, 하필 제도의 취지가 환자의 안전과 의사의 건강이 아닌 국민건강보험의 재정 건전성이었는지 말이다.

충분한 진료 시간 확보에 걸림돌이 되는 건 누적된 사회 문화적 요인도 빼놓을 수 없다. 아직 미흡하기는 하지만 내가 과외에서 배웠던 약간의 의사소통 팁을 지금의 젊은 의사들은 좀 더 일찍부터 배워 왔다. 의사 국가시험 실기 영역에 환자 면담이 도입됐기 때문이다. 물론 여전히 현실은 각박하지만, 환자의 권리가 갈수록 강조되고 의사소통의 중요성이 대두되는 덕분에 의료 현장은 조금씩 개선되고 있다. 의사가 환자에게 반말을 하거나 한 진료실 안에 환자 여럿을 두고 차례로 불러 진료하며 마치 컨베이어벨트처럼 돌리는 일도 예전엔 흔했으나 이제는 드물다.

하지만 지금부터 당장 10분간 환자를 진료하라고 하면 오히려 막막해할 의사가 아마도 꽤 많을 것이다. 3분 진료에 몸과 마음이 너무 익숙해져 막상 충분한 시간이 주어져도 환자와 멀뚱멀뚱 앉아만 있는 상황이 연출될 수 있다. 어떻게 말해야 환자가 정확히 이해하는지, 어떻게 물어봐야 자신의 증상을 정확히 표현하는지 나를 포함한 많은 의사들이 의외로 잘 모른다. 특히 현재 40대 이상의 의사들은 의대에서 면담 기술을 익힐 기회가 거의 없었던 터라 더욱 그렇다.

이제는 의사 면담에 가치를 부여하는 사고의 전환이 필요하다. 간혹 진료를 받고 약 처방이 없으면 진료비를 돌려 달라 시비를 거는 이들이 있다. 의사의 면담과 진찰은 오로지 약과 시술, 수술 등의 결과물로 나타나야 하고 면담 그 자체로는 가치가 없는 것으로 여기는 것이다. 그러니 3분 진료가 일반적인 행태로 자리잡은 것도 무리는 아니다. 그러나 사회가 진료 행위에 가치를 부여하지 않으면 진료의 질이 올라가지 않는 것은 당연하다. 사실 우리 사회는 의료 서비스뿐만 아니라 비가시적인 재화를 생산하는 노동에는 대체로 가치를 부여하지 않는 경향이 있다. 예술 분야 창작자들이 재능 기부라는 허울 아래 공짜 노동을 요구받는 일이 허다한 것만 보아도 짐작할 수 있다.

## 의사의 일

최근 말기 암 선고를 받은 한 유명 뮤직비디오 감독이 의사들에게 들은 말을 소셜 미디어에 올려 화제가 됐다. "병이 나을 거라고 생각하세요? 이 병은 낫는 병이 아니에요.", "항암 시작하고 좋아진 적 있어요? 그냥 안 좋아지는 증상을 늦추는 것뿐입니다." 의사들의 말과 태도를 꼬집으며 그들은 왜 그렇게 싸늘하냐고 묻는 그의 질문에 그동안 내가 환자들에게 보여준 수차례의 싸늘함을 떠올렸다. 나 역시 비슷한 말을 많이 들었다. 환자에게 희망을 줄 수 없느냐고, 꼭 그런 식으로 말해야겠느냐고.

사실 이 경우뿐만 아니라 말기 암 환자와의 의사소통에

서는 종종 이런 결과가 발생한다. 환자의 분노를 일으키고 원망을 듣는다. 제한된 시간 안에 어떻게든 정보를 다 전달하려고 하면, 그리고 그 시간 안에 충분히 이해하지 못하는 환자를 설득하려다 보면, 싸늘한 의사가 되는 것은 어쩔 수 없을 것 같기도 하다. 치료의 실패나 사망 가능성에 대한 설명은 상당히 고난도 의사소통에 속한다. 환자에게 상황을 충분히 이해시키면서도 그의 슬픔과 분노를 다독이려면 20~30분 이상은 필요하다. 설령 그렇게 한다 해도 욕먹기 십상인 일이라 누구나 꺼리는 게 당연하다.

개인적으로 몇몇 의사가 토로하는 '설명의 의무가 강조되다 보니 이렇게 냉정한 경고를 할 수밖에 없다'는 말에는 동의하지 않는다. 냉정한 경고는 설명의 의무 때문이 아니라 설명할 여건이 안 되거나, 제대로 된 설명을 못하는 현실을 나타내는 거울이라고 생각한다. 설명에는 말하는 것뿐만 아니라 듣는 과정 또한 포함된다. 환자가 어떻게 생각하고 있는지 알아야 그의 눈높이에 맞춰 말할 수 있는데, 우리는 그것과 관계없이 단순한 사실 전달만 중요시함으로써 설명의 의무를 다했다고 생각한다. 그렇게 할 수밖에 없기 때문이다. 충분히 설명할 시간은 없고, 시간이 없으니 환자의 말을 경청할 수 없으며, 경청하지 않으니 환자의 마음을 헤아릴 방법이 없어 환자에게 전달해야 할 사실만 반복해서 말하게 되는 것이다. 완치되지 않고 수개월 내 사망할 가능성이 높은 것이 사실인데 그것을 인정하려 들지 않는 환자가 답답하다. 왜 그가 이 현실을 받아들이지 못하는 것인지, 그가 미처 이루지 못한 인생의 과업이 어떤 것인지 듣고 이해할 필요가 있다고 생각하지 않게 된다.

희망과 현실 사이의 깊은 골을 남은 짧은 시간 동안 어떻게 메워갈 것인지 이야기하는 것을 우리는 대부분 의사의 일이 아니라고 여긴다. 의사들도 3분 진료가 비인간적이고 저수가의 폐해라고 주장하지만, 어쩌면 그러는 사이 3분 동안 할 수 있는 것만 의사의 진료 영역이라고 생각하는 문화를 키워 왔는지도 모른다.

나는 이전에 말기 암 환자에게 심층 진료[15]를 적용해 자세히 설명할 수 있는 충분한 시간을 확보하려고 시도해 봤지만, 심층 진료는 초진 환자에게만 적용되고 한 차례 이상 진료를 본 재진 환자는 대상이 아니라는 답이 돌아왔다. 진찰료가 초진과 재진으로만 나뉘어 있는 우리나라와 달리 미국에서는 진료 시간에 따라 10분에서 60분까지 다양한 진찰료를 청구하게 되어 있고, 임종을 앞둔 환자 상담은 30분의 사전 돌봄 계획에 따른 진료비를 청구할 수 있다. 환자의 중증도나 필요에 따라 더욱 다양한 진료비 청구 시스템이 마련된다면, 다소 복잡하기는 하겠지만 제한된 시간 안에 마쳐야 한다는 조급증과 이로 인한 의사소통 실패를 어느 정도 줄일 수 있을지도 모른다.

다시 처음 꺼내었던 '친절'이라는 화두로 돌아와 생각해 본다. '의사가 좀 더 친절해져야 한다'는 말에 대다수 의사는 불편감을 느낀다. 물론 환자 입장에서 따뜻한 의사의 한마디가 정말 절실한 것을 모르지는 않는다. 그러나 한편으론 '친절'이라는 이름으로 모든 서비스직에 강요되는 감정 노동을 의사에게까지 요구하는 것처럼 느껴지기도 하거니와(왜 의사만 예외냐고 묻는다면 모든 서비스직에 감정 노동이 강요되어서는 안 된다고 말하겠다), 앞서 길게 설명했듯 우선 친절할 수 있는 물리적 여건이 보장되지 않는 실정이다. 또한, 우리 일의 본질은 친절한 서비스보다는 정확히 진단하고 가장 효과적인 치료를 제공하는 것이다. 대개 의사들 사이에서는 친절한 의사가 존경의 대상이 되지 않는다. 환자에게는 친절하지 않아도 수술 실력이 좋거나 임상적 지식이 풍부한 의사를 서로 닮고자 애쓴다.

환자가 친절한 의사를 원할수록 역설적으로 의사들에게 친절이라는 가치는 평가 절하되고 있다. 그 간극을 어떻게 줄일 수 있을까? 어쩌면 정말 필요한 것은 친절하려는 '노오력'보다는 큰 노력을 들이지 않아도 충분히 환자들에게 친절할 수 있는 환경이 아닐까. 환자와 의사 모두가 불만이 가득한 우리 의료 시스템에 대한 보다 적극적인 논의가 필요한 이유다.

# 3 의사들은 왜
입원 환자에
소홀할까?

'회진'이라고 하면 어떤 장면이 떠오르는가. 영화나 드라마에서 흔히 묘사되는 풍경은 이렇다. 권위적인 교수, 구름 떼처럼 그 뒤를 쫓는 전공의와 간호사, 이들 앞에서 구경거리라도 된 듯 어색해하는 환자 그리고 짧은 대화 후 바람같이 사라지는 회진 행렬. 물론 드라마는 드라마일 뿐이다. 나의 경우를 포함한 현실 속 대부분의 회진은 그렇게 많은 인원이 참여하지 않는다. 다만 의사가 몇 마디 건네고 이내 병실을 떠나는 모습이 환자 입장에서는 꽤나 비슷하게 보일지도 모르겠다.

병동 회진은 의대 교수 일정 중 우선순위가 가장 뒤로 밀리는 업무다. 보통 하루 중 한나절은 외래 진료를 봐야 하고 남는 시간에는 회의에 참석하거나 다른 밀린 업무를 처리해야 한다. 내일 볼 외래 환자들의 의료 기록을 확인하고 예습도 해야 한다. 그나마 이것도 수술이나 시술 일정까지 더해지는 외과 계열에 비해 사정이 나은 편인 내과 계열 이야기다. 병동 환자들은 나 말고도 전공의나 전임의가 챙기고 있으니까 짬이 날 때 들르는 게 일반적이다. 외래 진료 시작 전에 후딱 돌거나, 진료를 마치고 파김치가 된 상태에서 얼굴만 겨우 보고 가는 때도 있다. 최근 몇 년간 환자 경험 평가에서 드러나듯, 환자들이 의사를 만나 이야기할 기회가 부족하다고 말하는 것은 어쩌면 당연한 일인지도 모른다. 특히나 그 의사가 전문의만을 이야기하는 것이라면 더더욱 말이다.

## 값싼 노동의 이면

회진은 보통 카카오톡으로 시작한다. 우선 전공의와 전임의에게 메시지를 보낸다. "회진 가능?" 어느 병동에서 만나자 약속을 잡고 해당 인원이 모두 모이면 회진을 돈다. 그러나 "회진 가능?"이라는 글자 앞 숫자가 좀처럼 줄어들지 않는 경우도 허다하다. 그러면 생각한다. '아, 다른 교수님 회진 돌고 있구나.' 간신히 만나 회진하는 도중에도 다른 병동이나 부서에서 걸려 오는 연락에 전공의들의 전화는 끊임없이 울린다. 회진 돌던 전공의는 교수 눈치를 본 후 고개를 수그리고 작은 목소리로 "지금 회진 중이라서요, 이따가 다시 연락해 주세요"하고 끊는다. 익숙한 회진 풍경이다.

외래 진료 때보다 그래도 약간의 여유가 있는 나와 달리 전공의들의 입원 환자 진료는 그야말로 매일매일이 전쟁이다. 여러 교수의 회진을 챙기는 와중에 종종 터지는 응급 상황에도 대처해야 한다. 또 병동에서 하는 간단한 시술과 오더 입력을 해야 하며, 의무 기록도 작성해야 한다. 그러고 나서 또 다른 검사를 예약하고 회진을 챙기면서 응급 상황에 대처하고…. 이처럼 그들이 대신 치열하게 전쟁을 치러주는 덕분에 마음 놓고 외래 진료를 보며 그나마 한숨 돌릴 수 있다. 사실상 온종일 병동에 머물면서 입원 진료를 담당하는 의사는 전공의들이다.

2020년 8월 전공의 파업 당시, 실로 오랜만에 병동 진료를 맡고 당직까지 서게 됐다. 이미 입원 환자 수는 상당히 줄인 상태였기 때문에 평소의 절반도 되지 않았지만, 모든 것이 낯설고 난감했다. 교수들은 전산 오더 입력하는 법부터 새로 배워야 했다. 아무리 간단한 시술일지라도 10~20년간 손을 뗐던 일을 다시 하려니 낯설고 긴장되는 게 사실이었다. 메신저에 쉴새 없이 올라오는 간호사 노티[16]를 확인하고는 이 병동 저 병동으로 뛰어다니며 심폐소생술을 하고 또 사망선고를 내리기도 했다. 내가 전공의였을 때 서던 당직에 비해서는 환자 수가 훨씬 적어 그나마 견딜만한 강도였지만, 언제 콜이 올지 몰라 잠을 이루지 못한 채 당직실에서 뜬눈으로 밤을 보냈다. 나이가 드니 예전보다 견디기 힘든 건 어쩔 수 없었다. 십수 년 전 나의 전공의 시절을 까맣게 잊은 가족들은 야간 근무를 마치면 아침에 집에 오는 것인 줄 알고 있다가 낮에 외래 진료까지 마치고 저녁이 돼야 귀가할 수 있다는 소식에 기함했다. 파업 기간이 많이 길어지지 않은 것이 천만다행이었는데 그때 새삼 느꼈다. 전공의 업무는 '1, 2년만 버티면 벗어날 수 있다'는 희망이 없으면 정말 버티기 힘든 일이라는 것을. 전문의 면허 취득이라는 미래를 담보로, 배움을 빙자해 이뤄지는 값싼 노동. 이것이 전공의가 하는 입원 진료다.

## 전공의 특별법과 PA 간호사

현재 입원 진료 시스템의 문제는 그저 '의사가 바쁘게 일해도 늘 환자 대면 시간이 부족하다'는 차원에 그치지 않는다. 무엇보다 환자와 의료인 모두의 위험을 초래한다. 24시간 넘게 장시간 연속 근무한 전공의들이 더 많은 의료 사고를 일으켰다는 미국 연구 결과[17]는 환자 안전 문제에 경종을 울렸다. 이에 2016년 국내에서도 전공의 근무 시간을 최대 주 88시간으로 제한하는 내용의 이른바 '전공의 특별법'이 제정, 시행되기에 이르렀다.

그러나 법 시행 5년이 다 되어가는 현시점에서도 이전 관행은 개선되지 않은 채 여전히 남아 있다. 근무 시간표는 합법이지만 실제 근무 시간은 불법인 실태가 지속되고 있다. 2019년에는 한 전공의가 사실상 주당 100시간 이상 근무하다 과로사로 숨지는 사고가 발생했다. 실제로 내가 근무하는 병원에서도 현행법상 근무 요건을 제대로 맞추지 못하는 경우가 종종 발생한다. 특히 법적으로 주 1회 24시간 휴무를 보장해야 하는데, 휴무인 전공의를 대신해 당직의 한 명이 100명 넘는 입원 환자를 커버하기란 거의 불가능에 가깝다. 상황이 이러니 휴무여도 마음 놓고 쉴 수 없다. 불안한 마음에 휴일에도 각자 출근해서 일단 본인 담당 환자는 직접 보고 들어가는 경우가 많다. 인력 보강 없이 법정 근무 시간에만 끼워 맞추다 보니 벌어지는 웃지 못할 상황이다. 일이 많으면 더 많은 사람이 나눠서 해야 하는 것이 기본 상식이다. 그러나 전공의처럼 낮은 임금을 받으면서 입원 진료를 담당할 전문의는 없다. 그래서 병원들은 PA(Physician Assistant·진료 보조 인력)라는 직군을 신설해 입원 진료 인력의 공백을 메꾸기 시작했다. PA는 과거 전공의가 하던 일 중 수술 보조, 오더 입력, 의무 기록 관리 등 일부를 맡아서 하는 간호사 직군을 일컫는 말이다. 다만 이들의 업무 범위와 권한에는 법적 근거가 뚜렷하지 않아 현재까지도 많은 논란이 있다. 간호사는 법적으로 의사의 지도하에 진료를 보조할 수 있도록 되어 있지만, 전문의 지도하에 업무를 수행하는 전공의 일까지 '진료 보조'라는 이름으로 대신할 수 있는지 명확하지 않다. 이런 상황에서 최근 전공의 정원 감축과 전공의 특별법 시행으로 값싼 전공의 노동력 이용이 이전만큼 쉽지 않아지자 각 병원은 PA를 늘려서 이에 대응하고 있다.

마치 이가 없으니 잇몸으로 버티는 꼴이지만, 이것도 한계가 있다. PA 간호사들의 입장에서는 합법과 위법의 경계에서 일하는 불안을 호소하고 있고, 보건의료노조는 의사의 일을 대신하면서 법적 보호도 받지 못하는 PA 간호사들의 노동 조건 개선과 의사 인력 충원을 요구하고 있다. 잇몸도 염증으로 녹아 무너져 내리고 있는 상황인 것이다.

핵심은 PA이건 전공의이건, 값싼 노동에 의존해 유지하는 입원 진료는 이제 더이상 지속되기 어렵다는 사실이다. 진료 질과 안전에 대한 환자들의 눈높이, 노동 조건에 대한 전공의들의 눈높이, 법적 보호를 받지 못하는 노동에 대한 PA들과 노동조합의 위기의식은 모두 높아졌다. 무엇보다 이 모두는 각자가 당연히 보호받아야 할 권리이기도 하다.

## 입원 권하는 사회

결국 PA 문제의 원인도 박리다매식 입원 진료의 팽창이다. 우리나라 입원 진료 문제의 시작은 그 양이 너무 많다는 것에 있다. 인구 1000명당 병상 수는 12.4개로 OECD 평균인 4.4개의 약 세 배에 달한다. 평균 재원 일수[18]는 평균 18일로 OECD 평균 8일의 두 배가 넘는다. 인구 고령화로 인해 장기 요양 병상이 늘어난 추세를 고려하더라도 입원 진료량이 과도하게 많다. 병상 수와 평균 재원 일수는 보건 의료 시스템의 효율을 측정하는 지표가 되는데, 입원 의료는 보건 의료 자원이 집중적으로 투입되므로 이를 줄일수록 효율적인 시스템이라고 할 수 있다. 즉, 국민의 건강 수준을 떨어뜨리지 않는 선에서 입원은 최소화하는 것이 비용 효과적이다. 하지만 우리나라는 정반대의 상황이다. 보건 의료비 지출은 OECD 평균보다 낮은 나라에서 입원 병상과 입원 기간은 최상위권이다.

사실 진료를 하다 보면 입원이 왜 많은지 대략 짐작이 가기도 한다. 외래 진료실과 응급실에서 입원 시켜 달라고 애원하는 이들, 병실에서 퇴원하지 않겠다고 고집하는 이들 모두 나름의 이유가 있다. 우선은 집에 돌봐 줄 수 있는 사람이 없거나 집에서 상태가 나빠질까 봐 불안하다는 것이 가장 흔한 경우다. 가족이 아파도 간병 휴직을 내기 어려운 것이 현실이다. 또한, 비정하게 들릴지 모르겠지만 우리는 혹시 가족이 아프더라도 바쁜 경쟁 사회에서 간병에 발목 잡혀 시간을 버릴 수는 없다고 생각하며 산다. 집에서 환자를 돌보다가 잘못될까 싶은 불안감도 크다. 가정에서 환자를 돌보는 간병인은 구하기도 어렵고 고가이며, 간병인 시장은 주로 병원 위주로 형성되어 있다. 병원은 국가와 지역 사회에서 담당해야 할 복지와 돌봄의 외주 공간이 되어버렸다.

　　입원해야만 더 큰 보상을 제공하는 실손 보험 구조도 입원을 선호하는 요인이 된다. 특히 고가의 항암제를 투여받는 이들은 입으로 복용하거나 1~2시간이면 주사실에서 맞을 수 있는 약인데도 실손 보험 때문에 입원하기를 희망하는 경우가 많다. 왜곡된 보험 구조가 낳은 도덕적 해이라고 할 수 있다. 여기에 본인이 환자임에도 집에 있으면 가사와 돌봄 노동을 짊어져야 하는 현실에서 벗어나기 위한 방편으로 입원을 선호하는 여성들도 있다.

결국 한국 사회의 노동, 복지, 성평등과 관련된 여러 구조적인 문제는 입원에 대한 수요를 증가시켰고 이로 인해 병상이 늘어났다. 낮은 수가 때문에 적고 값싼 인력으로 많은 병상의 환자를 진료하다 보니 환자들의 불만은 늘어났으며, 전공의 과로와 PA의 불법 노동 문제가 불거지게 된 것이다. 뒤에서 자세히 살펴볼 입원 전담 전문의 제도가 입원 진료의 질을 높이는 것에 어느 정도 도움이 될 수는 있겠지만, 장기적으로는 입원 진료량을 줄이는 방향으로 의료 서비스 재편이 필요하다. 즉, 병상 수와 재원 일수를 줄이고 입원해서 받아 왔던 의료 서비스를 지역 사회로 옮겨야 한다.

이 방향성에 저항감을 느끼는 이들도 많을 것이다. "수술했는데 실밥도 뽑기 전에 퇴원시킨다", "제대로 밥도 못 먹는데 병원에서 내쫓으려 한다"는 불만은 낯설지 않다. 병원과 의사가 환자의 건강보다 돈벌이에 혈안이 되었다며 비난하는 것도 일견 타당해 보인다. 빨리 퇴원시키고 새로운 환자를 받으면 병원 수익이 더 올라가는 것은 사실이니까. 그러나 메르스에 이어 코로나19 판데믹을 거치며 우리는 사회적 거리 두기라는 개념을 너무나 절실히 학습한 바 있다. 판데믹이 아닌 상황에서도 병원은 기본적으로 감염의 위험이 큰 곳이다. 슈퍼 박테리아로 불리는 내성균[19]의 전파는 아무리 노력하더라도 100퍼센트 막기 어렵다. 또한 의료인 수에 비해 환자 수가 많으면 안전사고 및 의료 과오가 생길 위험도 커진다. 병 고치러 갔다가 병을 얻어 오는 상황은 언제든지 일어날 수 있는 것이다. 이런 위험들을 제대로 통제하려면 지금보다 입원 의료에 훨씬 더 많은 돈이 든다.

## 입원 전담 전문의

입원 진료 문제를 해결하기 위해 최근 등장한 대안 중 하나가 입원 전담 전문의 제도다. 이는 종합 병원에서 전공의가 담당하던 입원 진료 즉, 진찰·처방·병동 내 시술·면담 등을 전문의가 담당하는 것으로, 2016년부터 시범적으로 운영해 오다가 2021년부터 건강 보험의 정식 제도로 운영되기 시작했다. 전공의가 아닌 전문의가 입원 진료를 담당하는 것은 여러 장점이 있다. 전공의에 비해 상대적으로 경험이 풍부하기도 하지만, 전공의처럼 매달 근무지가 바뀌지 않기 때문에 간호사들과 팀워크를 이뤄 좀 더 안정적으로 병동 진료를 할 수 있다. 특히 전공의가 수술장에서 일하고 있어 무의촌無醫村이 되다시피 하는 낮 시간대의 외과 병동에서는 진료 질이 상당 부분 향상될 수 있다. 실제로 1990년대 중반부터 입원 전담 전문의 제도를 도입한 미국에서는 환자의 입원 기간 및 입원 비용이 감소했고,[20] 우리나라에서도 입원 전담 전문의가 근무하는 외과 병동 내 합병증 발생률과 재입원율이 감소했다고 보고된 바 있다.[21] 내가 근무하는 병원에서도 입원 전담 전문의 제도에 대한 환자와 동료 의료인들의 반응이 대체로 긍정적이다.

병동에서 의사의 설명을 잘 들을 수 있어서 좋다는 환자들의 이야기 외에 가장 먼저 피부로 와닿는 변화는 병동 간호사들의 식사 시간이다. 의사의 오더를 수행하는 간호사는 갑자기 추가 처방이 나거나 퇴원 준비가 늦어지면 이를 처리하느라 제대로 끼니를 때우기 어려운 경우가 많다. 그런데 병동 근무 경험이 많은 전문의가 간호사들의 업무 흐름에 맞춰 제때 일을 처리해 주니 병동 업무가 안정적으로 흘러가고, 덕분에 간호사들이 점심을 먹을 수 있게 된다. 환자가 체감하는 실질적인 변화는 물론 전공의들의 당직 부담이 줄고 간호사의 노동 환경이 개선되는 것 역시 입원 전담 전문의 제도가 가지는 큰 장점 중 하나다.

그럼에도 불구하고 입원 전담 전문의 제도가 안착하는 데는 여러 걸림돌이 있다. 가장 먼저 직업 전망이다. 지금까지 입원 진료는 전공의 때 1, 2년만 하는 것으로 여겨져 왔고, 전문의 면허를 따면 외래 환자를 진료하거나 수술이나 시술을 하는 것이 일반적인 진로 모델이었다. 최근 들어 입원 전담 전문의도 의대 교수로 채용하겠다는 병원이 등장하고는 있지만 향후 어떻게 달라질지 모르는 일이라 가보지 않은 길에 대한 위험 부담이 있다. 그래서 아직은 이 일을 하겠다고 하는 의사가 많지 않아 구인에 애를 먹고 있는 실정이다.

경제적인 문제도 빼놓을 수 없다. 입원 전담 전문의 제도가 안정적으로 운영되려면 재정적 뒷받침이 필수다. 다시 말해 건강 보험으로부터 별도의 수가를 받을 수 있어야 한다. 긴 논의 끝에 결국 2021년부터 하루당 1만 5000원에서 4만 4000원 정도가 수가로 책정됐다. 보통 환자 부담금은 수가의 20퍼센트인 점을 고려했을 때 입원 전담 전문의 제도가 도입되면 환자당 하루에 적게는 3000원에서 많게는 9000원 정도가 추가 부담되는 셈이다. 종래의 입원료에는 의사와 간호사 업무, 병동 관리에 대한 비용이 포함돼 있다. 환자는 6인실 기준 하루 1만 원 전후, 2인실 기준 6만 원에서 9만 원 가량 본인 부담금을 지불하는데, 입원 전담 전문의가 도입되면 여기에 몇천 원이 추가로 발생하는 것이다. 돈을 내야 하는 환자 입장에서는 이 제도의 확실한 이익이 없는 한 반길만한 일은 아닌 셈이다. 입원 전담 전문의 수가를 신설하는 것에 근로자, 자영업자, 기업 등 건강 보험 가입자 단체 등이 처음에 반대했던 것도 놀랍지 않은 이유다. 최근 비정상적인 택배 요금을 올리기 위해 수많은 택배 노동자들의 죽음이 필요했던 것처럼, 한번 낮게 형성된 가격은 올리기가 쉽지 않다. 입원 진료의 가격을 올리도록 건강 보험 가입자들을 설득하는 것은 앞으로도 풀기 어려운 과제다.

## 돌봄의 위기

입원 진료 시스템 문제의 원인을 찾아 거슬러 올라가다 보면, 결국 돌봄의 부재라는 종착역에 다다른다. 환자를 돌볼 여유가 없고 간병인도 구하기 어려운 가족들은 병원에 기댈 수밖에 없게 된다. 그나마 24시간 돌봄 서비스를 받을 수 있는 공간인 입원 병실도 전공의, 간호사, PA들이 고된 노동의 부담을 떠맡아 '지속되기 어려운 노동 환경'이라는 위기에 처했다. 그리고 그 피해는 언젠가 늙거나 병들어 취약하게 될 우리 모두에게 고스란히 돌아올 수밖에 없다. "입원했는데 왜 의사 코빼기도 볼 수 없느냐"는 질문에서 시작했지만, 우리나라 입원 진료의 문제는 생각보다 그 뿌리가 깊다. 결국 돌봄의 위기라는 우리 사회의 근본적인 질문에 봉착하게 된다.

인류학자이자 정신과 의사인 아서 클라인먼Arthur Michael Kleinman은 "돌봄은 우리를 사회적 존재가 되게 하고 우리의 집단적 존재감을 유지시켜 주고 강하게 하는" 것임에도 "정치적 힘, 경제적 힘, 관료주의의 기습, 기술의 침범이 병원과 지역 사회에서 돌봄을 몰아내고 있다"고 강력히 비판한다. 간병인, 간호사, 교사 등의 돌봄 노동이 제대로 대우받지 못하는 현실을 꼬집는 말이다. 그는 또 다른 차원에서의 돌봄이 점차 사라져 가고 있음을 지적한다. 다름 아닌 "환자와의 신뢰, 환자와 친밀한 관계, 환자가 힘들 때 어떻게 해야 하는지 이야기하고 환자가 가장 고통스러워하는 것에 관심 갖는 일"로, 진료 행위에서의 핵심인 돌봄이다. 회진 때 의사를 보기 힘들다는 불만 역시 진료에서 돌봄이 빠졌다는 것을 알려 주는 신호가 아닌가. 물론 의사들 스스로 바뀌어야 할 부분은 분명히 있다. 보다 환자 중심적으로, 의사소통을 중요시하는 진료 패턴으로 옮겨가야 한다. 다만 진료에서의 돌봄을 복원하기 위해서는 사회에서의 돌봄 역시 복원될 필요가 있다. 병원이 짊어지고 있는 무거운 돌봄의 짐을 사회가 함께 나누어 가 주면 좋겠다. 아무리 먼 길일지라도 제대로 된 방향으로 나아가기 위한 노력이 필요하다.

2016년부터 글쓰기 플랫폼인 브런치에 비정기적으로 글을 올리고 있다. 운 좋게 눈에 띄어 출판으로 이어지는 좋은 기회를 얻기도 했다. 그런데 사실 브런치에 올린 글 중 가장 많은 댓글이 달린 것은 지금은 삭제된 〈진료실은 ON AIR〉라는 글이다. 대강 진료실에서 휴대폰으로 진료 내용을 녹음하는 보호자가 불편하다는 이야기였다. 대화에 참여하는 당사자가 직접 한 녹음이므로 도청이 아닌 합법적 행위라는 것은 알고 있었다. 다만 의사로서 내가 하는 한마디 한마디가 녹음되고 맥락에 맞지 않게 인용되면서 혹여 꼬투리가 잡히는 것은 아닐지 두려움과 자괴감을 느끼게 된다고 썼었다. 이러한 것들이 의사의 방어 진료를 유도해 결국은 환자에게 손해일 수 있다고도 적었다.

이 글에는 비난 일색의 댓글 수십여 개가 달렸는데 대체로 내용은 비슷했다. "제대로 알아듣게 설명을 안 해주니 녹음해서 몇 번이고 다시 듣는 것 아니냐.", "환자에게 책임질 수 있는 말을 한다면 문제 될 게 없는데, 녹음하는 게 싫다면 뭔가 켕기는 것이 있는 게 분명하다.", "이 글을 읽으니 의사와 면담할 때는 꼭 녹음해야겠다는 생각이 든다." 예상치 못한 비난에 마음도 상했지만, 사실 당시엔 놀란 마음이 더 컸다. 녹음에 대한 유감의 표현에 사람들이 이렇게까지 부정적으로 반응하리란 생각은 하지 못했기 때문이다. '사람은 누구나 상대방이 일방적으로 대화를 녹음하는 것에 거부감을 느끼지 않나?', '일하는 중 도청이나 감시를 당하는 게 싫은 건 너무 당연한 것 아닌가?' 하지만 생각해 보니, 이런 공감은 대화하는 양측이 대등한 관계일 때 가능한 것이었다. 의사와 환자 사이는 대등하지 않다. 그러나 의사들은 그 관계의 기울기를 크게 보지 않고, 반대로 환자들은 이것을 상당히 크게 보는 데서 인식의 차이가 일어난 것이 아닐까 싶었다.

### 환자와 의사 사이의 권력관계

흔히 "환자는 약자"라고 말한다. 당연히 의사들도 이 명제에 동의한다. 하지만 '관계'의 측면에서 이 명제를 다시 바라볼 때 나를 포함한 현실의 많은 의사는 선뜻 동의하기 어려운 것이 사실이다. 약자가 있으면 필연적으로 강자가 있어야 하는데, 의사들에게 '나는 강자다'라는 인식이 별로 없기 때문이다. 심지어 스스로를 환자(혹은 의료 소비자)의 눈치를 봐야 하는 약자로 포지셔닝positioning한 의사도 아주 많다. 여기에 최근 의료 과실 관련 판결에서 의사가 법정 구속되는 경우가 늘어나고, 공공 의대 법안같이 의사의 독점적 권위와 소득을 뒤흔들 수 있는 정부의 정책 입안 시도가 반복되면서 의사들은 점점 더 자신의 지위를 취약하게 느끼게 됐다.[22]

반면 대다수 환자는 당연히 의사에 비해 매우 취약한

위치에 있다고 느낀다. 기울어진 운동장에 서 있기에 진료 녹음은 적합한 대응 수단이다. 흔히 직장 상사의 갑질이나 부당한 요구에 대한 증거를 모으기 위해 녹음하는 것을 정당방위라고 생각한다. 그들이 바라보는 의사와 환자 사이의 기울기는 갑질하는 직장 상사와의 그것보다 결코 덜하지 않을 것이다. 오히려 건강을 볼모로 붙잡혀 있으니 어쩌면 의사를 직장 상사와는 차원이 다른 '슈퍼 갑'으로 여길 터이다.

한 가지 분명한 것은 환자들이 의사들의 상상 이상으로 훨씬 불안해하고 혼란스러워하며, 그 속에서 자신들을 지킬 유일한 수단이 녹음 파일이라고 생각한다는 것이다. 잘 알아듣지 못하는 설명을 녹음해 몇 번이고 다시 들으며 곱씹고, 이를 한 치 앞도 안 보이는 안개 속 투병 과정을 인도할 나침반으로 여긴다. 물론 고장난 나침반이었다는 생각이 들면 역으로 의사의 책임을 추궁할 근거로 삼을 작정이었을지도 모른다. 기울어진 관계에서 이러한 강력한 무기를 활용하는 것은 누구에게도 거리낄 것이 없다. 오히려 다수에게 권장해야 할 일처럼 여겨진다.

문득 이런 의문이 든다. '실질적으로는 강자인 의사들이 약자 코스프레를 하는 것일까, 아니면 정말로 약자가 되어가고 있는 것일까?' 물론 환자는 여전히 약자이고 관계의 추는 의사 쪽으로 많이 기울어져 있음을 부정할 수 없다. 그러나 환자의 권리가 강화되고 전문 지식이 쉽게 유통되며, 디지털 미디어 환경이 변하는 사이 모든 것이 기록되고 흔적으로 남게 되었다는 점에서 의사도 일정 부분 약자성을 지니게 되었다고 볼 수 있다. 이런 균형은 더 바람직한 관계를 위한 전제가 될 수도 있다. 다만 문제는 이 균형적 관계가 제대로 기능하기 위해서는 서로에 대한 신뢰가 꼭 필요한데, 양쪽의 권력을 조정하는 과정에서 신뢰가 사라졌을 때 우리는 그것을 어디서, 어떻게 되찾을 수 있냐는 것이다.

## 신뢰가 사라지는 이유

어떤 의사는 '우리나라에서는 의사를 너무 쉽게 만날 수 있으니 환자들이 의사를 만만하게 여긴다'라고 말한다. 의료 수가가 너무 싸서 그렇다고도 한다. '싼 게 비지떡'이라는 인식이 의사에게도 적용된다는 얘기다. 그래서 의사를 존경하지 않고 우습게 보니, 의사의 말을 잘 믿지 않는다고 하는 이들도 있다. 나를 비롯한 많은 의사들은 이런 말에 종종 심정적으로 공감하고는 한다. 진료하면서 겪었던 몇몇 수모와 굴욕적인 순간들이 떠오르며 울컥하게 된다. 하지만 과연 이것이 환자 입장에서도 설득력이 있는 말일까 싶기는 하다. 나도 가끔 환자의 신분으로 의사를 만나지만, 의사는 결코 만만한 상대가 아니다. 심지어 이미 알고 있는 동료 의사 앞에 설 때도 그 앞에서는 어김없이 긴장하고 말이 장황해진다. 환자가 제발 요점만 깔끔히 정리해서 말해 주기를 바랐던 것이 무색해질 정도로. 의사가 만만해서 환자들이 녹음하는 것은 아닐 것이다. 오히려 모르는 것을 다시 물어볼 수 있을 정도로 만만한 사람이 아니기 때문에 녹음까지 한다고 해석하는 것이 합리적이다.

의사 집단의 신뢰도를 측정해 국제적으로 비교 분석한 논문[23]에 따르면, 의료 상업화commodification 정도와 의사 집단의 신뢰도는 반비례 관계에 있는 것으로 나타났다. 즉, 의료 분야가 상업화될수록 의사에 대한 신뢰도는 떨어진다는 것이다. 논문은 의료비 본인 부담 정도, 공적 의료 보험에 가입한 국민 비율, 영리 병원[24] 비율을 측정하고, 이 점수를 토대로 의료의 상업화 정도를 크게 세 그룹으로 나누었다. 대체로 이 점수가 높은 국가들 즉, 의료비 본인 부담률이 낮고 공적 의료 보험이 대다수 국민 의료 서비스를 보장하는 영국, 네덜란드, 노르웨이 등의 국가가 의사에 대한 신뢰도가 높은 편이었다. 반면 상업화 지수가 높은 미국, 칠레, 폴란드 등에서는 신뢰도가 대체로 낮았다.

해당 논문은 의료의 상업화가 의사에 대한 신뢰를 떨어뜨리는 이유를 크게 세 가지로 제시한다. 첫째, 상업화된 의료에는 소비자주의consumerism가 적용되면서 의사와 환자의 관계가 소비자와 공급자의 관계로 치환된다. 따라서 존경과 감사

# 의료 상업화 정도에 따른 국가별 의사 신뢰도

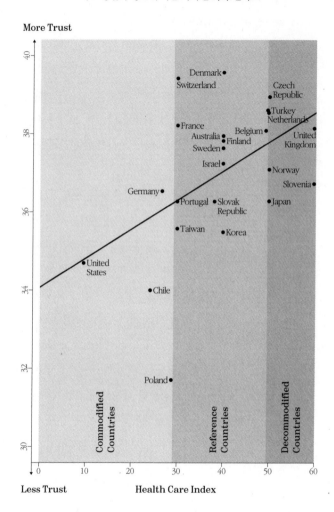

보다는 감시와 견제의 눈길로 의사를 바라보게 된다. 두 번째는 의사가 환자의 건강보다 수익을 더 추구하는 이해관계 충돌이 일어나며, 세 번째는 의료 접근성이 떨어지는 만큼 환자의 만족도 역시 떨어진다는 거다. 지극히 상식적인 수준의 설명이기는 하지만 적어도 '의사가 만만해서'라는 설명보다는 고개가 끄덕여진다. 결국 의사를 쉽게 만날수록 신뢰가 손상되는 것이 아니고, 의료비가 비싸다고 의사를 존경하게 되는 것도 아닌 듯하다.

우리나라는 어떨까? 상업화 기준으로는 중간 그룹에 속한다. 본인 부담금은 외국에 비해 높은 편이지만(국민 총생산의 3.2퍼센트로 조사 대상 29개국 중 4위였다) 전 국민이 국민 건강 보험의 혜택을 받고 있으며 영리 병원이 없기 때문이다. 반면 의사 신뢰도는 꽤 낮은 편으로 상업화 중간 그룹에서는 꼴찌다. 건강 보험이 적용되는 의료 서비스의 가격은 낮지만, 건강 보험이 적용되지 않는 비급여 의료 서비스의 가격은 여전히 높아 환자들의 경제적 부담이 꽤 높다. 이미 잘 알려진 사실이다. 5퍼센트의 본인 부담금만 내고 저렴하게 암 치료를 받는 환자들이 정작 온열 치료와 고농도 비타민 주사에 가산을 탕진하고 있는 상황에서 의사 집단이 신뢰를 얻기란 쉽지 않아 보인다.

## 집단적 권위주의와 환자의 알 권리

'의료비가 너무 싸서' 신뢰를 얻지 못한다는 생각에 동의하기 어려운 것처럼, 사람들이 흔히 말하는 '의사들이 엘리트 의식에 젖어 있고 싸가지가 없어서' 신뢰받지 못한다는 생각도 쉽게 수긍하기 어렵다. 물론 폐쇄적인 의대와 병원으로 이어지는 균일한 집단 내에서 살다 보면 의사소통이나 공감 능력이 떨어질 수 있다. 실제로 그러한 지적이 누적되면서 여러 의대에서는 인문학 교육 및 다양한 지역 사회 실습을 늘리고자 노력하고 있다. 그러나 나는 그 '싸가지 없음' 역시 상당 부분은 과로와 번아웃을 일으키는 의료 환경의 산물일 가능성이 크지 않을까 생각한다. 당장 나부터도 의사소통 수준이 가장 낮았던 때가 가장 열악한 노동 환경에서 일했던 레지던트 1~2년 차 때였음을 상기해 보면 말이다. 의사가 정신을 좀 차리고 살수 있어야 환자 입장에 공감할 수 있는 것은 사실이다.

다만 의사 개인의 인성이 아닌 집단의 권위주의적 경향 때문에 의사와 환자 사이의 신뢰가 손상된다는 주장은 경청할 필요가 있다. 여기서 권위주의란 단순히 환자에게 반말하거나 짜증을 내는, 기본적인 예의를 차리지 않는 태도를 일컫는 것은 아니다. 집단의식으로서의 권위주의는 '환자가 자신의 질병과 몸의 상태를 충분히 이해할 능력이 없고, 의사의 설명에만 의존해 치료받는 수동적인 객체'라는 개념의 가부장적 온정주의Medical paternalism이다. 즉, 환자는 자신의 치료에 대해 너무 자세히 알 필요 없고(아는 게 독이고), 의사가 말해 주는 대로 이해하는 것이 자신의 건강을 위해 가장 좋은 방향이라는 생각이다. 물론 현대의 의사들은 환자의 알 권리, 자기 결정권이 존중되어야 한다는 대명제 자체를 부인하지는 않는다. 그러나 환자의 자기 결정권은 대개 의사가 그어 놓은 선 안에서 발휘되는 것이 바람직하며, 이것을 넘어서는 순간 소위 '짱돌', '진상'이 되어 의사가 책임질 수 없는 영역으로 벗어난다고 여긴다.

예를 들어 의사는 종종 환자의 알 권리를 임의로 차단할 수 있다(차단해도 된다)고 생각하고, 진심으로 그것이 선善이라고 여긴다. 작년에 내가 겪었던 '종양표지자[25] 논쟁'이 그랬다. 요즘은 혈액 검사 결과를 스마트폰 앱으로 확인할 수 있는 경우가 많은데, 모든 검사 결과를 확인할 수 있는 것은 아니다. 내가 속한 병원에서는 1년여 전까지는 암 환자들이 가장 관심 있어 하는 종양표지자 검사 결과를 스마트폰으로 볼 수 없었다. 환자들은 스마트폰에서 볼 수 있게 해달라며 요청했으나 다수의 의사가 반대했고, 실은 나도 그들 중 하나였다. 환자가 종양표지자 검사 결과를 보고 질병 상태를 잘못 이해할 수 있음을 우려했기 때문이다. 종양표지자 수치는 물론 암의 진행 과정과 상관관계가 있지만 항상 그런 것은 아니다. 종양표지자가 떨어져도 암은 진행될 수 있고, 올라가도 암이 호전되는 경우가 적지 않다. 그렇기에 종양표지자뿐만 아니라 영상 검사, 환자의 증상, 신체 검진 소견 등 여러 요소를 통합해 암 치료 경과를 판단하는 것이 일반적이다. 만약 환자들이 종양표지자 검사 결과를 자신의 치료 경과를 한눈에 파악할 수 있는, 마치 주가 지수 같은 그래프로 오해하면 불필요하게 일희일비할 수 있다. 오히려 아는 것이 독이 되는 셈이다. 사실 이런 생각에 숨은 또 하나의 이유는 '환자들 질문이 많아진다'는 것이다. 더 많은 정보를 습득하면 이에 관한 질문은 늘어날 수밖에 없다. 진료 때마다 항암제 처방하기도 바쁜데 종양표지자의 의미에 대해서까지 설명해야 한다면 업무가 가중될 것이 뻔해 두려웠다. 의사는 환자에게 필요한 정보를 전달하는 사람이지 환자가 궁금해하는 것에 다 일일이 대답해야 하는 사람은 아니라는 생각을 하기도 했다.

그러나 의료진 사이의 토론 끝에 결론은 '환자의 알 권리를 막을 정당성이 없다'는 쪽으로 기울었고, 현재 종양표지자 검사 결과는 모두 스마트폰에서 볼 수 있게 됐다. 사실 진료실에 들어오자마자 "CEA[26]가 올랐는데 어떻게 된 일이죠?"라고 묻는 환자를 맞이하는 것은 편하지 않다. CEA에 관해 설명하며 제한된 시간을 허비하는 것보다는 지난번 항암 이후 어떤 부작용이 있었고 통증의 강도는 어떻게 변했는지를 듣고 싶기 때문이다. 그러나 이제는 환자가 자신에게 더욱 중요한 것에 집중하도록 설득하는 것 역시 의사가 해야할 역할이라고 여기게 됐다. CEA가 질병 경과 판단에 크게 중요하지 않다고 생각한다면 꼭 필요하지 않은 검사이니 하지 않아야 하고, 중요하다고 판단해 검사했다면 제대로 설명하는 것이 맞다(물론 설명할 시간이 충분하다는 전제가 있어야 하겠지만 말이다).

## 오픈 노트의 시대

이제 와 변명같이 보일 수도 있겠지만, 검사 결과를 보여주지 않기를 원했던 의사들도 환자를 업신여겨서 그렇게 주장했던 것은 아니었다. 불필요한 혼란을 주고 싶지 않아서였다. 권위주의, 혹은 가부장적 온정주의는 기본적으로 선의가 밑바탕에 깔려있다. 그러나 환자 중심적인 의료에서는 그 정보가 필요한지 불필요한지도 환자와의 상호작용 속에 결정된다. 환자는 종양표지자 검사 결과를 어떻게 해석해야 하는지 묻고 고민하는 과정에서 질병에 대해 더 많이 이해하게 되고, 암과 함께 살아가는 삶에 조금 더 자신감을 얻게 될 지도 모른다. 그러나 나를 포함한 많은 의사들이 아직 이런 환자 참여patient participation, 환자 권리 찾기patient empowerment라는 개념에 익숙하지 않고, 그것이 바람직하다고 해도 우리 같은 저수가 의료 체계에서는 적용이 불가능하며, 내심 의사의 권위에 도전하고 공격하는 것으로 받아들인다. 앞으로 바뀌어야 할 부분이고, 조금씩이나마 바뀌고 있기는 하지만 말이다.

환자 참여를 실현하는 방법 중에는 종양표지자같은 일부 검사 결과뿐만 아니라 아예 환자에게 자신의 의무 기록에 대한 접근 권한을 주자는 '오픈 노트Open Notes' 운동이 있다. 지금도 환자가 자신의 의무 기록을 볼 수는 있지만, 별도로 비용을 들여 사본을 신청해야 하는 불편이 수반된다. 본인의 전자 의무 기록에 대한 접근 권한 자체를 주고 언제 어디서나 접속할 수 있게 하는 것은 차원이 다른 문제다. 국내 현실에서 보면 다소 당혹스러울 수 있는 이 제도는 미국에서 이미 시행 중이다. 미국은 2010년부터 시작된 시범 사업을 거쳐 2021년 4월부터 환자가 자신의 모든 전자 의무 기록에 무료로 실시간 접근권을 요구할 수 있도록 연방법으로 보장하는 데 이르렀다.

물론 환자가 자신의 의무 기록을 직접 봤을 때 과연 그 내용을 전부 이해할 수 있겠냐고 문제를 제기할 수 있다. 그 내용을 이해한다 해도 질문이 많아지고, 때론 지적과 항의로 이어져 의사의 업무 강도와 분쟁 사례가 늘어날 것이라는 우려도 할 수 있다. 그러나 그간의 오픈 노트 시범 사업을 통해 이루어진 연구에서는 의무 기록 공개의 부정적인 영향보다 긍정적인 효과가 더 높았다고 보고하고 있다. 환자는 자신의 의무 기록을 보고 자신의 몸 상태에 대해 더 잘 이해할 수 있게 되었고, 약을 더 잘 챙겨 먹게 되었으며, 우려하던 바와 같이 의무 기록에 대한 문의로 의사의 업무가 늘어나는 경우도 많지 않았다.[27] 심지어는 환자가 직접 자신의 기록에서 오류를 발견해 환자 안전을 향상시켰다는 연구 결과[28]까지 있다. 사실 의료진 입장에서 자신의 오류를 환자가 직접 발견한다는 것은 악몽에 가까운 일이기는 하다. 하지만 바꿔 생각해 오류가 수정되지 않는다는 것은 환자에게 더 큰 악몽이 될 수도 있는 일이다.

솔직하고 투명한 의사소통으로 오히려 소송이나 분쟁이 줄었다는 보고도 있으니, 아마도 멀지 않은 미래에 오픈 노트가 전 세계의 표준으로 자리 잡을지도 모를 일이다. 이미 국내에서도 환자의 의무 기록을 본인에게 공개해 의료 데이터 공유와 활용을 활성화하자는 주장이 제기되고 있다.[29] 의료 데이터를 통한 혁신과 기술 발전에 대한 논의와 상반되게 개인 정보 보호 문제가 종종 걸림돌이 되는데, 환자 본인이 자신의 의료 데이터에 대한 실질적인 소유권을 지니고 결정할 수 있다면 정보 이용에 대한 논의 또한 자연스럽게 활발해질 것으로 보인다.

## 수술실 CCTV

의사 사회의 권위주의가 드러나는 또 하나의 단면은 해묵은 논쟁을 이어 가고 있는 수술실 CCTV 설치 문제다. 지난 수년간 시민 사회단체에서는 강력히 설치를 주장해 왔고, 결국 2021년 8월 CCTV 설치 법안이 국회 보건복지위원회 법안소위원회에서 의결됨으로써 본회의를 통과할 가능성이 매우 커졌다. 이 문제는 의사협회에서 사활을 걸고 반대해 온 사안 중 하나다. 의사들이 CCTV 설치에 반대하는 이유는 동료의 범죄 행위를 옹호하기 위함이 아니라 '진료 활동을 위축시킬 수 있다'는 이유다. 표현이 애매해서 마치 핑계처럼 들리지만, 실제 그들이 느끼는 공포와 우려는 매우 크다. 수술 중에는 출혈이 많거나 혈압이 떨어지는 등 여러 예상 밖의 상황이 벌어지는데, 수술이 끝나고 기록된 CCTV 영상을 돌려 보며 지적당하고 또 항의를 받아 과실을 의심받게 된다면, 애써 힘든 수술을 하기보다는 지레 포기하게 되는 경우가 많아질 수 있다는 것이다.

그러나 해마다 잊을 만하면 수술실 내 범죄가 수면 위로 떠 올라 논란이 되고, 심지어 최근에는 의사가 수술 도구로 간호사에게 신체적 상해를 입힐 뻔한 경악스러운 사건이 보도되기도 했다. 결국 공개와 투명성 확보 외의 다른 방법으로는 신뢰를 되찾을 길이 없어 보인다. 물론 CCTV 설치가 의무화됐을 때 수술 장면을 하나하나 꼬투리 잡아 시비 거는 사람이 아예 없지는 않을 터다. 그러나 대다수 환자에게 수술이 안전하다는 인식을 줘 신뢰를 얻을 수 있다는 장점도 있다. 결국 CCTV에 대한 우려도 '일반인은 의료에 대한 이해가 떨어지므로 그들이 이해할 수 있는 정보만을 골라서 주어야 한다'는 가부장적 온정주의 혹은 권위주의의 산물이지 않을까. 개인적으로 수술실 내 범죄에 CCTV가 가장 좋은 해결책이라고 보지는 않는다. 그러나 환자의 신뢰를 얻기 위해서라면 결국 치러야 할 비용이 아닌가 싶다.

의사에 대한 신뢰가 무너졌다고 통탄하기에는 너무 늦었다. 이미 신뢰는 땅에 떨어졌고, 그것을 누군가에게 주워 달라고 할 수도 없는 일이다. 의사들이 다시 신뢰라는 모자를 쓰고 의관을 정제하려면 스스로 주워서 탈탈 털어야 하는 수밖에 없다. 즉 권위가 파괴되며 더 많은 정보가 유통되고 공유되는 세상에 적응하는 수밖에 없다. 귀찮고 번거로워도 어쩔 수 없이 가야 할 길임을 인정하는 편이 낫다.

나는 이제 환자가 진료 과정을 녹음하든 말든 별로 신경 쓰지 않는다. 아니, 정확하게는 이 사람이 녹음을 하고 있는지 아닌지 신경 쓸 여유가 없는 게 현실이다. 언젠가 내 진료를 시험 삼아 한번 녹음한 적이 있었는데, 진료실 책상 위에 아무렇게나 놓아둔 스마트폰만으로도 목소리가 또렷하게 기록됐다. 어차피 내가 막을 수 있는 일이 아니라는 것을 알게 됐고, 그래서 약간은 체념하게 된 것도 사실이다. 워낙 짧은 시간에 많은 환자를 봐야 하니 내가 무슨 소리를 어떻게 할지 겁나기도 하는 게 솔직한 심정이다. 그러나 어떤 환자든 대화를 녹음할 수 있다고 가정하고 설령 녹음하는 것이 눈에 띄어도 그러려니 한다. 다만 녹음하겠다고 미리 얘기만이라도 해 달라고 부탁한다. 의사와 환자라는 관계를 떠나서 그게 사람 간의 예의이고, 나도 얼마간은 존중받고 싶으니까.

만약 우리나라에서도 본격적인 오픈 노트 운동이 벌어져 의무 기록을 모든 환자가 볼 수 있게 된다면 굳이 녹음할 필요가 없어질지도 모르겠다. 녹음을 한다는 건 의사에 대한 불신과 불만 때문일 수도 있지만, 기본적으로는 불안해서 하는 것이기 때문이다. 자기 자신의 몸 상태를 잘 모르고 앞으로 어떻게 될지 가늠조차 안 되는 불안한 마음을 해소하기 위함이 가장 클 것이다. 꼭 오픈 노트가 아니더라도 환자가 진료 내용을 충분히 이해할 수 있도록 정보를 공유할 수 있는 수단이 있다면, 환자는 좀 더 안심하고 의사를 믿을 수도 있지 않을까. 반대로 의사가 스마트폰 녹음으로, 수술실 내 CCTV로, 심지어는 전자 차트 기록으로 늘 감시당하고 추궁당하는 신세가 될 가능성도 없지는 않다. 그래도 어차피 감시당할 것이라면, 거부할 수 없는 대세라면 먼저 내어놓는 것이 낫지 않을까? 피할 수 없다면 즐기라는 말처럼.

에필로그

〈The Doctor〉가
던지는 메시지

루크 필데스의 〈The Doctor〉

〈The Doctor〉는 1891년 영국 화가 루크 필데스Samuel Luke Fildes
가 그린 유화로, 런던 대표 갤러리 중 하나인 테이트 모던Tate
Modern Museum에 전시될 만큼 유명 작품이다. 그림 한가운데는
위독한 상태의 아이가 누워있고, 그 왼쪽에 의사가 턱을 괴고
앉아 아이를 들여다보고 있다. 오른쪽 뒤편으로 초조해하는
아버지와 절망에 엎드려 울먹이는 어머니가 있으며, 그들 옆
으로 난 창문으로 미약한 새벽빛이 드리워져 이들이 밤샌 상
태임을 짐작게 한다.

　　필데스는 장티푸스로 죽어가던 자신의 어린 아들을 왕
진한 의사에게 깊은 인상을 받아 이 작품을 그린 것으로 알려

진다. 환자와 가족이 느끼는 고통, 슬픔을 직면하면서도 묵묵히 그 곁을 지키는 의사의 책임감 있는 모습에 사람들은 매료됐다. 환자들이 진료받기를 원하는, 그리고 많은 의사가 닮고싶어 하는 선망의 대상이 이 그림 안에 있다.

1949년, 미국 의사협회는 트루먼 대통령이 추진하던전 국민 의료 보험 도입에 반대하며 캠페인을 펼쳤는데, 그때이 그림을 "Keep politics out of this picture(이 그림에서 정치를 몰아냅시다)"라는 구호와 함께 사용했다. 결국 전 국민에게 공적 의료 보험을 제공하겠다는 트루먼의 정책에는 공산주의 딱지가 붙게 됐다. 매카시즘McCarthyism[30]이 기승부리던시대상을 고려하면, 전 국민 의료 보험 도입이 입법에 실패한것은 당연한 일이었을지 모른다. 그러나 이념 논쟁을 차치하더라도 국가가 의료 시스템에 개입하려는 시도를 당시에 얼마나 불온한 일로 여겼는지 미국 의사협회가 꺼내든 이 그림으로 가늠해 볼 수 있다. 삶의 비극과 고통을 나누는, 지극히개인적인 의사와 환자 관계에 정책이나 보험, 세금 같은 말이끼어들 틈은 없어 보이기 때문이다.

만약 우리나라 사람들이 이 그림을 본다면 어떤 생각을할까. "저런 의사가 어딨어?"라는 냉소적인 반응이 먼저이지않을까. 국내에서는 왕진이 일반적이지 않을뿐더러, 환자의 마지막 순간을 바로 옆에서 지키는 의사의 모습은 병원에서도 거의 볼 수 없기 때문이다. 환자의 임종을 확인한 간호사가 연락하면 의사는 한참이 지나서야 헐레벌떡 달려와 울부짖는 가족들 사이에서 사망 선고를 하고 이내 어디론가 바삐 떠난다. 상황이 이렇다 보니 국민들은 의료 행위에 국가가 개입하는 것을 더 쉽게 용인했을지 모른다. 의사와 맺는 유대감은 낮고 불만은 높기 때문이다. 국가가 나서 개입해야 저 오만하고 냉담한 의사들의 태도가 바뀌리라 여기는 이들이 많았을 테니까.

이제까지의 글을 통해 나는 우리나라 의사들 역시 필데스의 그림에 나온 의사를 동경한다고 말하고 싶었다. 설령 매순간은 아닐지라도 환자와 맺는 진실한 관계에서 삶의 보람을 느낀다고도 말하고 싶었다. 대부분 경우에 그러지 못하는 건 오만하거나 엘리트 의식에 젖어서가 아니라, 우리나라 의료 제도의 모순과 불합리가 환자와 의사 사이의 관계를 왜곡하기 때문임을 이야기하고 싶었다. 그런데 글을 쓰다 보니 한편으로는 이것이 의사들에게만 국한된 것이 아닌, 우리 사회 전체의 모순과 연결된 문제임을 깨닫게 된다. 일단 '사람을 갈아 넣어' 문제를 해결하는 방식은 기업과 공공 기관을 포함한 우리 사회 전반에 만연해 있어서, 의료인들이 번아웃되어 있고 그 여파가 환자에게 간다는 외침은 그다지 울림이 없다. 일하며 겪는 번아웃은 기본값이며, 너희는 그나마도 전문직이고 안정된 직장에서 일할 수 있는데 무슨 불만이 많냐는 것이다. 의사 파업에 대한 대중의 시각은 차가웠고, 최근 예고된 보건의료노조의 파업은 별다른 관심도 얻지 못하는 현실이 이를 반영한다.

번아웃의 결과는 재생산의 포기다. 아이 울음소리가 좀처럼 들리지 않는 것처럼 내과, 외과 등의 필수 진료과에는 젊은 의사들의 씨가 말라 가고 있다. 아이를 낳아 키우기 어려운 환경에서 왜 출산을 기피하느냐고 여성들만 닦달할 수 없는 것처럼, 필수 진료과 의사로 살아가기 어려운 상황에서 왜 생명을 살리는 전공을 선택하지 않느냐며 의사들을 닦달할 수는 없는 일이다.

정부가 개입해 공공 서비스의 가격을 낮추지만 소비자의 실질적인 부담이 좀처럼 줄지 않는 것도 의료뿐만 아니라 교육 및 여러 복지 서비스에 나타나는 일반적인 현상이다. 효과적인 개입이 되지 못하고 있는 것이다. 국가가 공교육을 지원함에도 각종 학원비와 과외비로 부모들의 허리가 휘는 것처럼, 건강 보험 보장률이 늘어나 의료비 부담이 줄어도 비급여 진료비와 간병비로 환자들은 여전히 많은 지출을 하고 있다. 지출이 늘어나는 구조에 손을 대지 않는다면 의료와 교육은 돈 먹는 하마가 될 수밖에 없다.

수도권과 지역의 격차로 인한 문제 역시 의료 분야만의 해당 사항은 아니다. 의사들이 지역 근무를 기피해 의료 취약지 주민들이 위험에 처하고 지역 의료가 고사 위기라고는 하지만, 교육·문화·경제 모두 취약한 지역에서 의료만 제 역할을 하기를 바랄 수 있을까. 의사만 지역에 가지 않는 게 아니다. 청년 세대 대부분이 교육 및 문화 인프라가 부족한 비수도권을 기피하며 수많은 지역 기업들이 사람을 못 구해 아우성친다.

한편, 일각에서는 의사를 한국 사회의 여러 모순과 고통에서 자유롭고 그것을 온전히 외면할 수 있는 특권 계층으로 여기는 듯하다. 그러나 위에서 말했듯 의료 문제는 우리 사회 문제의 한 단면이다. 사람을 함부로 쥐어짜도 되는 노동 경시 사회, 혹은 갑질 사회의 일면이라고 볼 수 있다. 병원은 의료인을 쥐어짜고 정부는 병원을 쥐어짜며, 건강 보험료와 세금을 더 낼 여력도, 의지도 없는 국민은 정부를 쥐어짠다. 갑질의 사슬이 맞물려 마치 톱니바퀴처럼 돌아가는 상황, 이곳에서는 그 누구도 벗어날 수 없다.

미국 의사협회가 〈The Doctor〉에 덧붙인 "이 그림에서 정치를 몰아냅시다"라는 구호는 그럴듯해 보였지만 틀렸다. 의사가 죽어 가는 환자 곁을 지키려면 그가 담당하는 환자들을 다른 의사가 봐줄 수 있어야 하고, 그러려면 병원이 중증질환을 진료하는 의사를 충분히 고용해야 하는데, 이는 정치 없이 실현하기 어려운 일이다. 의료계가 처한 현실의 문제를 어떻게 해결해 나갈지, 얼마나 많은 자원을 투입할지 논의하는 것이 곧 정치의 영역이 아닐까 생각한다. 다만 제대로 된 정치의 과정이란 의사들을 공공의 적으로 몰아가는 것도, 반대로 의사 단체의 로비나 압박에 정책을 쉽게 뒤집는 것도 아니라고 믿는다.

2009년 버락 오바마 미국 대통령 재임 당시 전 국민 의료 보험 법안이 재논의되면서 〈The Doctor〉는 60년 만에 다시 세간의 주목을 받았다. 미국 의사협회는 이번에도 공적 의료 보험 도입에 반대를 표명했다. 그런데 이때 스탠포드 의대의 저명한 교수인 아브라함 베르기즈Abraham Verghese가 유명 시사 매거진《디 애틀랜틱The Atlantic》에 〈To AMA: It's not about you(미국 의사협회에게: 그거 당신 아니오)〉라는 제목의 에세이를 기고했다. 그는 필데스 그림의 주인공을 의사가 아닌 어린 환자로 보고, 이 그림엔 본인 또는 가족이 아플 때 정성 어린 돌봄을 받길 원하는 마음이 투영됐다고 해석했다. 그러면서 의사들이 의료 소외 계층을 보호하는 공적 의료 보험 도입 저지에 이 그림을 사용하는 건 비겁한 처사라고 일갈했다. 대중의 분위기가 심상치 않음을 감지한 미국 의사협회는 어쩔 수 없이 방향을 선회했고, 결국엔 '오바마 케어'라 불리는 환자 보호 및 부담 적정 보험법(PPACA: Patient Protection and Affordable Care Act)[31]을 지지하기에 이르렀다.

우리는 어떠한가. 2020년을 달구었던 적정 의사 수를 둘러싼 논쟁은 물론, 앞서 지적했던 의료의 여러 고질적인 문제를 해결하기 위한 재원 마련과 부담 방식, 인력 운용 방법 등이 향후 미국의 의료 개혁 법안처럼 다시 링 위에 오르게 될 수도 있다. 시민, 정부, 의사 단체 간의 의사소통은 좀 더 나은 수준의 합의에 이를 수도 있겠지만, 이전처럼 비난과 오해로 점철될 수도 있을 것이다. 그러나 나는 필데스의 그림에서 창문에 드리워진 미약한 여명처럼, 서로에게 다가갈 수 있을 거라는 희망에 조금 더 기대를 걸어 보고 싶다. 시민들은 밥그릇 싸움, 특권 의식으로 호명당하는 의사들의 행동 배경에 번아웃이 있다는 것을 이해해 주셨으면 하고, 의사들 역시 정부와 시민 사회의 개입을 '의료 사회주의'라 부르며 날을 세우기 보다 이들을 의료계의 모순을 함께 해결하는 파트너로 받아들였으면 한다.

주

1 _ 엄밀히 말하면 법적인 파업이 아니라 집단 휴진이다. 휴진의 주체가 노동조합이 아니고, 노동 쟁의의 요건을 갖추지 않았으므로 파업이라 부르는 것이 적합하지 않다는 주장이 있으며 이는 타당하다고 생각한다. 다만 파업이라는 용어가 이미 사회와 의사 집단 내에서 많이 쓰여 언어의 사회성을 획득한 상황이라고 여기고 있고, 법적인 요건을 갖추지 못했다 하더라도 의사에게 노동권이 없는 것은 아니다. 이에 따라, 이 책에서는 편의상 집단 휴진을 파업이라고 지칭하려고 한다.

2 _ 의약 분업의 주요 쟁점 사항은 의사가 처방전에서 선택한 의약품 그대로 처방하지 않아도 된다는 것이었다. 즉, A라는 성분의 약은 A-1, A-2, A-3 등 다양한 상품이 있는데 이 중 약사가 선택해서 조제할 수 있다는 '대체 조제' 조항이었다. 의사는 처방권 침해를 주장했고 약사는 다양한 약을 모두 구비할 수 없는 현실과 조제의 전문성을 들어 대체 조제를 옹호했다. 핵심은 특정 상품의 선택권을 누구에게 주느냐의 문제였으나 워낙 특수한 쟁점 사항이라 일반 국민에게는 제대로 전달되지 않았다.

3 _ 2020년 8월부터 9월까지 이어졌던 의사 파업은 더불어민주당의 총선 공약이었던 의대 정원 확대와 문재인 정부의 국정 과제였던 공공 의대 설립에 의사협회가 반발하면서 일어난 것으로, 주로 종합 병원 전공의들이 주도해 이루어졌다

4 _ 지난해 파업의 주축이 된 대한전공의협의회는 20~30대의 전국 수련 병원 인턴과 레지던트가 소속된 젊은 의사 단체이다.

5 _ '전공의의 수련 환경 개선 및 지위 향상을 위한 법률'이다. 전공의 최대 연속 수련 40시간 초과 금지, 야간 당직 주당 3회 초과 금지, 주당 평균 1회 이상의 유급 휴일 부여 등의 내용이 담겨 있다.

6 _ 수가는 건강 보험에서 정한 의료 서비스의 가격을 의미한다. 우리나라 같은 공보험 체제에서는 의료 서비스 가격이 시장에서 정해지지 않고, 공급자와 수요자, 정부로 구성된 건강보험정책심의위원회에서 결정된다.

7 _ 2017년 기준 전문의 수는 8만 1041명이다. 이 중 상급 종합 병원에 15퍼센트(1만 2059명), 종합 병원과 병원, 요양 병원 등에 37퍼센트(3만 363명), 의원에 46퍼센트(3만 7307명)가 근무하는 것으로 나타났다.

한국보건사회연구원, 〈보건의료인력 실태조사〉, 2020.2.5.

8 _ 환자가 맨 처음 만나는 동네 의사가 그 환자의 건강 문제를 지속적이고 포괄적으로 관리하는, 통상적으로 생각하는 주치의 역할을 할 때 이를 일차 의료라고 부른다. 공적 의료 보험 제도를 운용하는 선진국 대부분은 환자마다 일차 진료 의사(Primary care provider)를 지정해 계속 한 사람에게 진료를 받도록 하고 있지만, 우리나라는 그런 제도를 운용하지 않고 전 국민 건강 보험을 운영하는 독특한 나라다.

9 _ '기술자'라는 호칭을 쓴 것에 대해 일차 의료에 종사하는 개원의 및 봉직의 입장에서는 당혹스러울 수 있겠다. 사람 몸에 대한 이해를 바탕으로 정확하고 안전한 시술과 검사를 하는 전문가의 역할을 기술자의 영역으로 부르는 것에도 어폐가 있다. 다만 의료의 수익 모델이 지나치게 시술과 검사에 치중되어 있다 보니 의사의 역량과 업무 역시 환자를 진찰하고 상담하는 것보다는 시술과 검사에 좌우되는 측면이 많음을 지적하기 위해 부득이하게 이 단어를 사용했다.

10 _ '보장성 확대'라는 말은 환자가 내는 진료비에서 건강 보험이 부담하는 비율이 늘어나 환자의 본인 부담은 줄었다는 의미다. 암 산정 특례 제도가 대표적인 보장성 확대 정책으로, 현재 암 환자들은 진단 후 5년간 암 진료비의 5퍼센트만 본인 부담금으로 낸다. 일반적으로 외래 진료비의 50퍼센트, 입원 진료비의 20퍼센트가 본인 부담금이니 혜택이 크다고 할 수 있다. 환자 입장에서는 가격이 떨어지니 수요 또한 늘어나게 되는데, 전에는 비싸서 못하던 검사와 치료를 더 많이 하게 된 것이다.

11 _ 2001년 전체 의사 중 전문의 비율은 65퍼센트였고, 2018년 기준으로는 73퍼센트로 증가했다.
한국보건사회연구원, 〈보건의료인력 실태조사〉, 2020.2.5.

12 _ 간단한 진찰만 할 수 있는 외래 진료실과 달리 응급실은 각종 검사와 치료를 빠르게 할 수 있는 장비와 인력이 있으므로, 응급실에 보내면 담당 의사는 좀 더 안심할 수 있다. 또한, 응급실 입실 이후로는 환자 담당이 응급실 의료진이 되므로 본인이 직접 책임지고 진료할 필요가 없다. 이것이 외래 진료 의사가 환자를 응급실로 보내게 되는 요인이다. 그러나 환자 입장에서는 많은 불편이 따르고, 시간을 다투는 위중한 환자들을 위해 사용되어야 하는 응급실의 의료 자원이 낭비되는 문제가 있다.

13 _ Irving G et all, 〈International variations in primary care physician consultation time: a systematic review of 67 countries〉, 《BMJ Open》, 2017.

14 _ 보건복지부, 〈OECD 보건통계로 보는 우리나라의 보건의료〉, 2021.7.20

15 _ 3분 진료의 폐단을 극복하기 위해 진료 시간을 15분으로 연장하되 기존 진찰료의 3~5배 정도인 약 9만 원의 수가를 지급하는 제도. 2017년부터 건강보험공단의 시범 사업으로 진행돼왔다. 시범 사업 평가 후 본사업으로 전환될 가능성이 있다는 보도가 2020년 7월 나왔으나 아직 결정된 바는 없다.

16 _ notification을 줄여서 흔히 '노티'라고 부르며 이는 간호사가 의사에게 환자 상태를 보고하는 것을 의미한다. 대개는 간호사 재량으로 결정할 수 없는 일을 노티하므로 환자 상태의 변화 및 처방에 대한 문의 등이 주된 내용이다.

17 _ Christopher P. Landrigan et all, 〈Effect of Reducing Interns′ Work Hours on Serious Medical Errors in Intensive Care Units〉, 《The New England Journal of Medicine》, 2004.10.28.

18 _ 입원 1회당 입원 기간을 의미한다. 1년간 전체 환자의 입원 기간의 합을 전체 입원 또는 퇴원 횟수로 나눈 값이다. 본문에서 인용한 통계는 2021년 7월 20일 보건복지부가 발표한 〈OECD 보건통계로 보는 우리나라의 보건의료〉를 참조했다.

19 _ 항생제를 투여해도 죽지 않는 세균으로, 대개 항생제를 많이 사용하는 병원 환경에 많이 분포한다. 대표적으로 메치실린내성황색구균(MRSA), 카바페넴내성장구균(CPE) 등이 있는데 그 치료 방법이 매우 제한되어 있다.

20 _ Heather L White, Richard H Glazier, 〈Do hospitalist physicians improve the quality of inpatient care delivery? A systematic review of process, efficiency and outcome measures〉, 《BMC Medicine》, 2011.5.

21 _ Jung YB, Jung EJ & Lee KY. 〈A surgical hospitalist system in Korea: a preliminary study of the effects on hospital costs and postoperative

outcomes〉, 《Annals of Surgical Treatment and Research》, 2021.4.29.

22 _ 지난해 논의된 공공 의대 및 의대 정원 증설 법안은 입법에 성공하지 못했다. 이를 두고 일반 시민 및 노동자 사이에서는 의사들이 사회적 압력을 행사하는 데 성공했다는 시각이 많다. 그러나 의사 집단 내부에서는 이런 법안이 의사 단체와의 협의 없이 추진되었다는 것 자체가 정부 및 시민 사회로부터 의도적으로 배제되고 있다고 여기는 분위기가 강하다. 이 역시 의사의 권위가 땅에 떨어진 증거로 바라보는 것이다.

23 _ Ellery Chih-Han Huang, Christy Pu, Yiing-Jenq Chou and Nicole Huang, 〈Public Trust in Physicians-Health Care Commodification as a Possible Deteriorating Factor: Cross-sectional Analysis of 23 Countries〉, 《The Journal of Health Care Organization, Provision, and Financing》, 2018.3.5.

24 _ 영리 병원은 영리를 추구하는 병원이 아니라 '영리 법인이 설립한 병원'을 뜻한다. 우리나라 의료법상 병원 등의 의료 기관 개설은 중앙 정부 및 지방 정부, 의료인, 비영리 법인만 가능하다.

25 _ 혈액 검사로 측정하는 종양 관련 물질이다. 환자들이 흔히 '암 수치'라고 말한다. 정상 세포보다는 주로 종양 세포에서 더 많이 분비되는 단백질의 혈액 내 농도를 측정해 암 치료의 경과 판단에 쓰인다.

26 _ Carcinoembryonic antigen(암태아항원)의 약자로 대장암, 위암, 폐암 등에서 혈중 농도가 올라가는 대표적인 종양표지자다.

27 _ Delbanco T, Walker J, Bell SK, et al., 〈Inviting patients to read their doctors' notes: a quasi-experimental study and a look ahead〉, 《Annals of Internal Medicine》, 2012.10.2.

28 _ Bell SK, Delbanco T, Elmore JG, et al., 〈Frequency and Types of Patient-Reported Errors in Electronic Health Record Ambulatory Care Notes〉, 《JAMA Network Open》, 2020.6.9.

29 _ 김주한, 〈[의료의 미래] 의료 기록 환자에게 돌려줘야〉, 매일경제, 2017.10.18.

30 _ 극단적이고 초보수적인 반공주의 선풍. 또는 정적이나 체제에 반대하는 사람을 공산주의자로 몰아 처벌하려는 경향이나 태도. 1950년대 초에 공산주의가 팽창하는 움직임에 위협을 느끼던 미국의 사회적 분위기를 이용하여 매카시가 행한 선동 정치에서 유래한다.
국립국어원 표준국어대사전

31 _ 버락 오바마 대통령이 주도한 미국의 의료 보험 시스템 개혁 법안이다. 민영 보험에만 의존하는 의료 보험 시스템을 바꾸고, 미국 전 국민에게 2014년까지 건강 보험 가입을 의무화하는 것이 핵심으로, 오바마 대통령이 8년 재임 기간 중 최대 업적으로 꼽힌다. 2014년 1월 1일부로 건강 보험 혜택을 제공하기 시작했으며, 2015년 3월 31일 공개 등록을 마감했다. 월 보험료와 공제금, 의사 상담 및 처방전 발급 시 본인 부담금 비율 등에 따라 '브론즈' '실버' '골드' '플래티넘' 등 4단계로 구분된다. 건강 보험금은 가구당 가족 수와 소득 기준으로 정부가 차등 지원한다.
한국경제 용어 사전

32 _ 김은지, 〈"한국 환자들, 의사에 대한 신뢰도 낮다"〉, 헬스코리아뉴스, 2017.3.24.

북저널리즘 인사이드　　　왜곡된 관계

수술실 내 CCTV 설치를 의무화하는 법안이 지난 8월 23일 국회 상임위원회를 통과해 25일 법제사법위원회 문턱까지 넘었다. 2015년 19대 국회에서 논의가 시작된 지 6년여 만이다. 해당 법안은 앞서 의료계의 극렬한 반발에 부딪혀 두 차례 폐기된 바 있다. CCTV를 수술실 내외부 중 어디에 설치할 것인지, 촬영 시 음성 녹음까지 허용할 것인지 등을 두고는 여전히 의견 대립이 심한데, 여기서 분명히 할 건 해당 논쟁의 본질이 정치권과 의료계만의 힘겨루기가 아니라는 점이다. 이 갈등의 기저에는 의사들에 대한 국민적 불신이 깔려 있다.

지난 6월 국민권익위원회는 국민의 98퍼센트가 수술실 CCTV 설치에 찬성한다는 여론 조사 결과를 내놨다. 수치상 차이는 있으나 다른 대부분 조사에서도 찬성 여론이 압도적이다. 그간 불거진 일부 대리 수술, 수술실 내 성범죄, 의료사고 은폐 의혹 등이 영향을 미쳤을 것으로 보인다. 의료계에서는 CCTV가 의사의 긴장을 유발해 도리어 수술 질을 낮추고, 외과 등 분쟁 소지가 많은 분야에 지원하는 인력이 줄어 필수 의료가 붕괴할 것이라 우려한다. 그런데도 여론은 여전히 차갑다. "뭔가 켕기는 것이 있으니 저러는 거겠지."

의사 집단에 대한 불신은 이번 수술실 CCTV 논란에서 처음 드러난 게 아니다. 2014년 영국에서 의사에 대한 신뢰도를 조사한 결과 우리나라는 전 세계 29개국 중 20위였고,

2016년 글로벌 시장 정보 기업 GFK의 국제 비교 연구에서는 27개국 가운데 24위로 최하위권에 머물렀다.[32] 병원을 배경으로 하는 tvN 드라마 〈슬기로운 의사생활〉이 처음 방영됐을 때, 시청자들은 누구보다 인간적이고 헌신적으로 환자를 대하는 주인공들에 열광했지만 동시에 '세상에 저런 의사가 어디 있냐'며 냉소를 지었다.

상호 존중하고 신뢰하는 의사와 환자 관계는 왜 비현실적인 판타지로 여겨질까. 의사는 왜 엘리트주의와 특권 의식에 젖은 기득권으로만 비치는 걸까. 피곤에 찌들어 내게는 무심한 듯한 얼굴, 속사포처럼 뱉어내는 알아듣기 힘든 설명, 빨리 내 차례를 끝내고 다음 환자를 보려는 듯한 행동 등 보편적이라 여겨지는 의사들의 태도 때문일 거다. 많은 경우 우리는 병원에서 오감을 통해 인간적 소외감을 경험하고 이것이 쌓여 불신과 불만으로 발현한다. 상황이 이러니 의사들은 왜 저렇게 말하고 행동할까 이해하려는 노력은 시도조차 어렵다.

그럼에도 '의사들은 원래 그래'라는 감정적 고착은 도려내야만 한다. 불친절한 의사들의 이면에 불합리한 시스템이 존재하기 때문이다. 그 안을 들여다보면 환자들이 경험해온 소외감의 상당 부분이 병원을 둘러싼 정책과 의료 체계에 기인하고 있음을 알 수 있다. 비현실적인 수가 수준, 획일적인 병원 운영 방식, 무계획적인 의료 인력 운용 등이다. 어쩌면 우리가 그토록 불신하는 의사를 양산해 낸 건 그들의 엘리트주의나 특권 의식이 아닌, 하나같이 낯설고 나와 상관없어 보이는 이 시스템일지도 모른다.

김선영 저자는 현행 의료 제도의 모순과 불합리가 환자와 의사 사이의 관계를 왜곡하는데, 이는 우리 사회에 만연한 모순과도 연결된다고 지적한다. 소위 '사람을 갈아 넣어' 문제를 해결하는 방식이 의료 현장에서도 똑같이 나타나고 있음을 꼬집은 거다. 정부는 병원을, 병원은 의료진을, 국민은 다시 정부를 압박하는 이 굴레에서 벗어나야 한다. 의사에 대한 불신 혹은 무관심이 나와 내 가족의 건강과 생명을 위협하는 끔찍한 부작용을 일으킬 수 있기 때문이다. 불행인지 다행인지 코로나19 판데믹은 'K방역'이라는 화려함 뒤에 가려졌던 열악한 의료 환경을 직시하게 했다. 불신을 걷어 내고 신뢰를 회복하기 위한 첫 단계가 상호 이해라는 점에서, 어쩌면 지금 이야말로 '의사들은 왜 그래'라는 질문을 던질 최적의 시기다.

전찬우 에디터